Scott Kelby

# La photographie numérique

## Volume 3

Publié par les éditions Pearson France
47 bis, rue des Vinaigriers
75010 PARIS
Tél. : 01 72 74 90 00
www.pearson.fr

Réalisation p.a.o. : Léa B.

ISBN : 978-2-7440-9289-3


Titres originaux :
*The Digital Photography Book, volume 3*

Traduction : Philip Escartin

ISBN: 978-0-321-61765-1



Published by Peachpit Press
**www.peachpit.com**
**www.kelbytraining.com**

*Pour mon éditrice, Kim Doty.*
*Tu es l'une des meilleures choses*
*qui soit jamais arrivée à mes livres !*

# Remerciements

Bien qu'un seul nom apparaisse au verso d'un livre, il faut une équipe dévouée et talentueuse pour mener à bien un tel projet. Je suis heureux de travailler avec une telle équipe. C'est un honneur et un privilège de la remercier ici.

Je remercie mon étonnante femme, Kalebra : nous fêtons cette année notre vingtième anniversaire de mariage, et je suis toujours aussi fou amoureux de toi, encore plus ravi d'être ton mari. Tu es une mère hors du commun, un chef cuisinier, une artiste, une chanteuse, et une brillante femme d'affaires. Mais tu es aussi la personne la plus sympathique que j'aie jamais connue. Je n'arrive pas à réaliser que tu m'aies choisi comme époux. Tout le reste de ma vie, je ferai en sorte que tu ne regrettes jamais ton choix. Je t'aime, mon amour.

Merci à mon petit garçon, Jordan, si merveilleux, joyeux et fou : s'il y a un enfant sur cette planète qui sait à quel point son père l'aime, et à quel point il est fier de lui, c'est bien toi, mon petit gars (je t'appelle ainsi alors que, maintenant que tu as 12 ans, je ne devrais plus le faire, du moins pas en présence de tes amis). Tu es un gamin incroyablement amusant, hilarant, positif, sensible, superbrillant, et cependant totalement fou ! Et j'aime ça ! Mais, je dois l'admettre, je m'amuse beaucoup quand, chaque soir, nous faisons nos batailles HALO 3 sur notre XBOX LIVE. La semaine dernière, quand j'ai apporté mon ampli et ma guitare dans ta chambre, tu t'es installé derrière ta batterie, et nous avons improvisé sur une version longue de « You Give Love a Bad Name », de Bon Jovi. J'ai su à ce moment-là qu'aucun père sur terre n'était plus chanceux que moi. Mec (euh, mon fils, je veux dire), tu décoiffes !

Mille mercis à ma belle, ma grande fille, Kira : tu as non seulement la beauté physique de ta mère mais aussi des choses bien plus importantes telles que sa beauté intérieure, sa compassion, sa chaleur, son intelligence et son charme qui se révéleront dans une existence dont tout le monde rêve, une vie charmante, amusante, pleine d'aventure, palpitante, une vie menée à toute vitesse. Tu es née avec un sourire aux lèvres, une chanson dans le cœur, et un papa qui ne vit que pour toi.

Merci à mon grand frère, Jeff : beaucoup de jeunes garçons admirent leur frère aîné parce qu'il est tout simplement plus vieux qu'eux. Mais moi, je t'admire car tu as été plus qu'un frère aîné pour moi. Tu as été comme un « deuxième père » : tu as pris soin de moi, tu m'as enseigné la sagesse, tu m'as donné des conseils avisés, tu m'as donné la priorité, comme papa l'avait fait pour nous. Ta générosité infinie, ta gentillesse, ton attitude positive, ton humilité m'ont inspiré tout le long de ma vie, et je suis très honoré d'être ton frère et ton ami pour la vie.

Merci à mon meilleur pote, Dave Moser : travailler chaque jour avec son meilleur ami est un véritable ravissement. Tu es le meilleur !

Je remercie toute mon équipe de Kelby Media Group : je suis très honoré de travailler quotidiennement avec des personnes si dévouées, si motivées, incroyablement créatives. C'est un rare privilège. Des personnes qui sont pour moi bien plus que de simples collègues de travail. Mes humbles remerciements pour transformer mon travail en une véritable partie de plaisir.

Je dédie ce livre à mon éditrice, Kim Doty. Tu as facilité ma tâche en m'évitant de me perdre dans certains méandres rédactionnels, en m'imposant une organisation et en ramenant calme et positivité quand des moments de tension sont survenus. Je te remercie d'avoir donné à mes livres une meilleure direction que celle dans laquelle je les avais engagés.

Mes remerciements vont aussi à Jessica Maldonado : tu es, et de loin, la diva de la création, et je dois le succès de mes livres à la sensible et merveilleuse « touche » que tu leur donnes. C'est toi qui leur communique une âme, et c'est grâce à ton savoir-faire que le cercle de mes lecteurs ne cesse de s'élargir. (Signé : ton plus grand admirateur !)

Un grand merci à Cindy Snider pour la supervision du vocabulaire et la mise en forme des notes de ce livre. Enfin, merci d'avoir su repérer de multiples petites choses que d'autres auraient laissées passer.

Merci à Dave Damstra : grâce à toi, mes livres vont à l'essentiel. J'ignore comment tu fais mais, ce que je constate, c'est que tu y arrives !

J'adresse des remerciements tout particuliers à mon vieil ami et directeur de création Felix Nelson : nous t'aimons tous et pour toujours. Tu es Félix. Le seul, l'unique !

Merci à mon assistante exécutive et ma *Wonder Woman* chef Katy Siler : tu es l'une des personnes les plus importantes de cette entreprise, non seulement à cause de toutes ces merveilleuses choses que tu fais pour moi, mais aussi pour toutes ces choses que tu as réalisées dans notre société. Merci d'être toujours à mon service, et de me mettre au centre de tes préoccupations. Grâce à toi, j'ai toujours le temps d'écrire des livres, de faire des séminaires, tout en gardant du temps pour ma famille. Tu as un travail délicat, mais avec toi tout semble si facile.

Merci à mon assistant et technicien numérique Brad Moore : je ne sais pas comment j'aurais pu faire ce livre sans ton aide, sans ton travail en studio, sans tes conseils et tes suggestions. Merci pour ta patience. Cela ne fait pas longtemps que tu es ici et, déjà, ton impact est énorme. Je suis heureux que ton talent soit mis au service de toute notre équipe.

Merci à mon pote RC Conception pour t'être à nouveau engagé sur ce troisième volume et m'avoir proposé ton aide pour la réalisation des photos de studio de ce volume. Tu es le couteau suisse de l'imagerie et du design numériques.

Mes remerciements vont aussi à Kim Gabriel : tu es le héros oublié des scènes coupées. Je ne le répéterai jamais assez, mais merci beaucoup d'avoir fait tout ce que tu pouvais pour mener à bien ce projet.

Je remercie ma chère amie et partenaire commerciale Jean A. Kendra pour m'avoir supporté pendant toutes ces années, et pour avoir soutenu mes idées les plus folles.

Chez Peachpit Press, je tiens à remercier Ted Wait, car c'est un bonheur de travailler sur un livre de photos avec un éditeur qui est également un photographe créatif et passionné. Tu comprends tout. Tu me comprends. Je te comprends. C'est beau.

Merci à mon éditrice, Nancy Aldrich-Ruenzel, et à l'incroyable et dévouée équipe de Peachpit Press : c'est un grand honneur de travailler avec des personnes qui veulent vraiment et simplement faire de beaux livres.

J'adresse mes sincères et chaleureux remerciements à tous les photographes doués et talentueux qui m'ont enseigné tant de choses depuis des années, et notamment Jay Maisel, pour avoir partagé vos passions, vos idées et vos techniques.

Merci à mes mentors : votre sagesse et vos coups de règle sur les doigts m'ont immensément aidé tout le long de mon existence. Je vous dois tout, et je vous serai éternellement reconnaissant pour l'amitié que vous me témoignez et les conseils que vous me prodiguez.

## Autres titres en français de Scott Kelby (éditions Pearson)

*Zoom sur la photographie numérique*, le tout-en-un de Scott Kelby

*Zoom sur la photographie numérique, volume 1*

*Zoom sur la photographie numérique, volume 2*

*Le Livre Adobe Photoshop CS4 pour les photographes du numérique*

*Photoshop CS4, astuces et secrets inédits*

*Le Livre Adobe Lightroom 2 pour les photographes du numérique*

*Ma méthode en 7 points avec Adobe Photoshop CS3*

*Le Secret des masques et des couches dans Photoshop*

# À propos de l'auteur

Scott Kelby est le directeur, l'éditeur et le cofondateur du magazine *Photoshop User*. Il est également le rédacteur en chef du magazine *Layers* (le magazine incontournable pour tous les produits Adobe), coprésentateur des podcasts vidéo hebdomadaires *DTown TV* (l'émission hebdomadaire des utilisateurs d'appareils reflex numériques Nikon) et du célèbre *Photoshop User TV*.

Il est aussi le président de la National Association of Photoshop Professionals (NAPP), de l'association des utilisateurs d'Adobe Photoshop et de la société d'édition, de publication et de formation Kelby Media Group.

Scott est photographe, créateur, et l'auteur maintes fois récompensé de plus de 50 essais, dont *Zoom sur la photo numérique* Volumes 1 et 2, *Photoshop CS4 pour les photographes numériques*, *Photoshop CS4, astuces et secrets inédits*, *Adobe Photoshop Lightroom 2 pour les photographes numériques*, *Ma méthode en 7 points avec Photoshop*, *iPod et iTunes*, et *iPhone 3gS*.

Pendant cinq années de suite, Scott a été l'auteur ayant vendu le plus de livres sur la technologie informatique dans le monde, et ceci toutes catégories confondues. Ses livres ont été traduits dans plus d'une douzaine de langues, dont le chinois, le russe, l'espagnol, le coréen, le polonais, le taïwanais, le français, l'allemand, l'italien, le japonais, le hollandais, le suédois, le turc et le portugais, entre autres. Scott est aussi le lauréat du prestigieux prix Benjamin-Franklin.

Scott est le directeur de la formation de l'Adobe Photoshop Seminar Tour et le responsable technique de la Photoshop World Conference & Expo. Depuis 1993, Scott apparaît dans une série de DVD d'apprentissage et de cours en ligne destinés à des photographes et aux utilisateurs de Photoshop.

Pour plus d'informations sur Scott et ses photographies, visitez son blog, réactualisé quotidiennement, à l'adresse **www.scottkelby.com**.

# Table des matières

*Obturation : 1/10 s   Ouverture : f/3.6   ISO : 800   Focale : 18 mm   |   Photo Scott Kelby*

# 1

# Utiliser le flash comme un pro Partie 2

## Reprendre là où le précédent livre s'était arrêté

Je sais ce que vous vous demandez : « Si c'est la deuxième partie de l'étude de l'utilisation du flash, mais où est donc passée la première ? » Je vous dois la vérité. La Partie 1 appartient au Chapitre 1 du Volume 2 de cet ouvrage. Certes, avec autant de chiffres et de déclinaisons, il y a de quoi en perdre son latin. Je vous rassure immédiatement : (1) comme je ne suis pas un marchand de lessive, mon objectif n'est pas de vendre à tout prix ce fameux Volume 2 ; j'en veux pour preuve le second argument : (2) je ne propose pas un livre bon marché pour vous imposer une dépense supplémentaire dictée par l'obligation d'acheter la précédente édition de ce livre. Non ! Est-ce bien compris ? Voici l'idée qui sous-tend ma démarche éditoriale : si vous lisez cette introduction et que vous vous souveniez être en possession du Volume 2, vous disposez de tout ce qu'il faut pour bien comprendre ce qui est expliqué dans cette nouvelle édition. En revanche, si vous n'avez pas ce Volume 2, et comme je suis un parfait bonimenteur capable d'affirmer l'inverse de ce que je viens de prétendre, sautez dans votre voiture et achetez l'édition en question. En le lisant, vous comprendrez alors que le Volume 1 est indispensable. Gaspillez un peu d'essence et polluez encore plus notre belle planète pour vous offrir ce livre indispensable. Bien entendu, je plaisante. N'en faites rien si vous n'en avez ni l'envie ni les moyens. Mes livres ressemblent à des séries télévisées. Si vous prenez la Saison 3 en cours, vous aurez vite fait de comprendre tout ce qui s'est déroulé dans les deux premières.

# Neuf choses que vous devriez savoir…

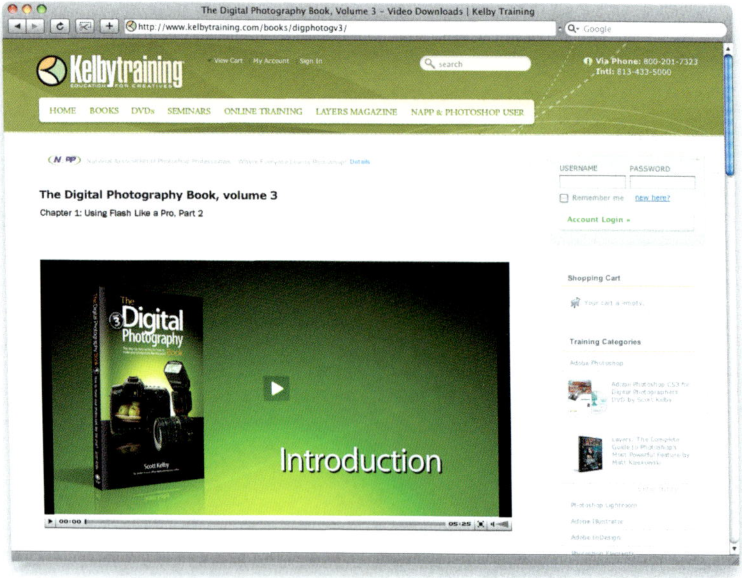


(1) **Vous n'êtes pas obligé de lire cette partie.** Sauf si vous ne comprenez pas l'anglais. En effet, je mets à votre disposition une vidéo qui explique comment tirer le meilleur parti de ce livre. Regarder cette vidéo est bien plus agréable que lire des lignes interminables de texte. Donc, les anglophiles peuvent s'attarder sur ce petit film à l'adresse suivante : **www.kelbytraining/books/digphotogv3**.

(2) **Voici le fonctionnement de ce livre :** nous photographions l'un à côté de l'autre. Je vous donne des conseils, des astuces et des techniques identiques à ce que je vous communiquerais si j'étais réellement à vos côtés. Lorsque je suis avec un ami, j'oublie tout le jargon technique de ce métier. S'il me dit qu'il veut un éclairage aussi doux qu'uniforme et me demande où il doit placer la boîte à lumière, je ne vais pas m'amuser à lui faire un cours sur la lumière ou les corrections du flash. Dans la réalité, je me tournerai vers lui et lui dirai de la rapprocher aussi près que possible de son sujet. Vous comprenez que posséder ce livre, c'est comme m'avoir toujours à vos côtés.

(3) **Ce livre reprend là où le Volume 2 s'est arrêté.** Il contient un certain nombre de techniques réclamées par les lecteurs de la précédente édition. Ainsi, dans ce chapitre consacré au flash sans fil je n'explique pas comment installer et paramétrer cette technologie car l'ensemble de la procédure est traitée dans le Volume 2. Cela ne signifie pas pour autant que vous soyez obligé d'acheter les deux précédents volumes.

# … avant de lire ce livre !

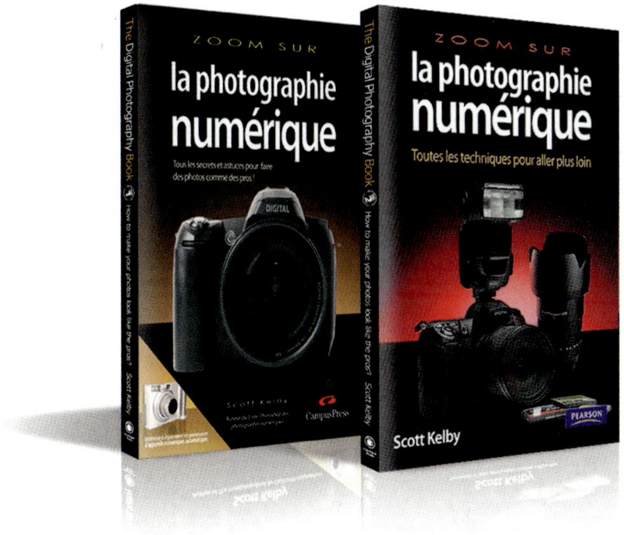


Toutefois, si vous utilisez un flash déporté ou des éclairages de studio, la lecture du Volume 2 vous aidera à acquérir les connaissances de base qui amélioreront l'utilisation de ces matériels.

(4) **Parfois, vous devez acheter du matériel.** Il ne s'agit pas d'un livre qui cherche à vous vendre quoi que ce soit. Toutefois, vous devez immédiatement comprendre que certains résultats professionnels ne peuvent être obtenus qu'avec des accessoires utilisés par les pros. Je ne touche pas de royalties des sociétés dont je conseille les produits. Je vous donne simplement des avis d'achats comme je le ferais avec un ami.

(5) **Où acheter ce matériel ?** Comme je ne tiens pas à faire de ce livre une ressource de liens web, vous trouverez toutes les adresses utiles sur **www.kelbytraining.com/books/vol3gear**.

(6) **La page d'introduction de chaque chapitre** permet de vous décontracter un peu. Son contenu est tout de même en rapport avec les techniques présentées dans le chapitre. Je suis un habitué de ce genre d'introduction, et je pense même être le seul au monde à pratiquer cette discipline rédactionnelle. Si vous n'appréciez pas mon humour, n'hésitez pas à passer outre cette introduction.

# Et maintenant, les trois dernières choses

(7) **Vous pouvez photographier avec l'appareil de votre choix.** Les photographies de ce livre ont été prises avec un appareil Nikon ou Canon. Il s'agit des deux marques les plus utilisées dans le monde. Toutefois, une majorité des techniques étudiées dans cet ouvrage s'appliquent sans aucun problème à des appareils reflex numériques d'un autre constructeur, voire à des appareils compact orientés grand public.

**(8) Des astuces apparaissent en bas de nombreuses pages** – elles ont souvent un rapport direct avec les techniques présentées. Toutefois, il m'arrive d'ajouter une astuce au bas d'une page parce que je ne savais pas où l'insérer ailleurs dans ce livre. Le format des astuces est si particulier qu'elles vous sauteront aux yeux.

**(9) N'oubliez jamais que c'est un livre de type « montre-moi comment faire ».** Je vous explique des techniques comme si j'étais à vos côtés. Donc, bien souvent, je vous dis sur quel bouton appuyer, quel réglage effectuer, où placer l'éclairage, sans vous perdre dans des explications théoriques aussi absconses qu'obscures. Bien ! L'heure est venue de passer aux choses sérieuses. J'espère sincèrement que ce livre va rallumer la flamme de votre passion photographique en vous aidant à obtenir les résultats que vous avez toujours rêvé d'obtenir sans y arriver malgré tous vos efforts. Maintenant, préparez votre matériel pour une escapade photographique qui n'a pas fini de vous surprendre.

# Adoucir l'éclairage en intérieur

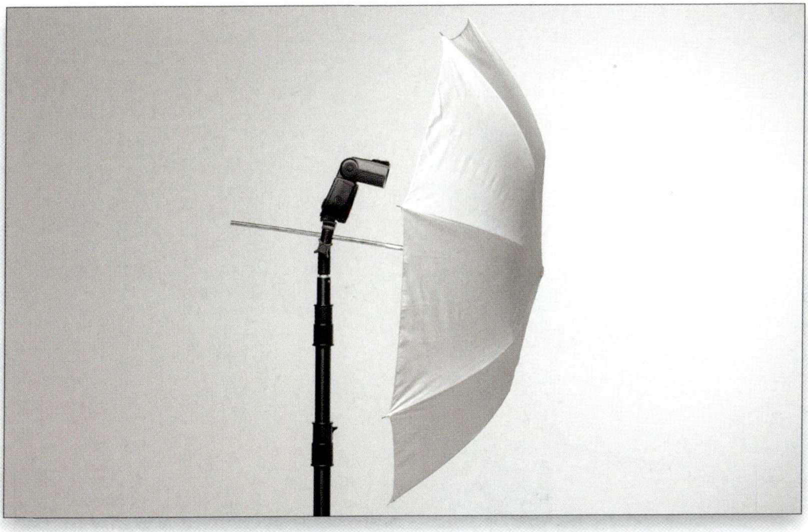

Dans la précédente édition de ce livre, j'insiste sur l'importance d'adoucir la lumière du flash pour obtenir une photo de qualité professionnelle. L'habitude veut que l'on adoucisse la lumière d'un flash *via* un diffuseur. Toutefois, ce n'est pas la seule technique. Si vous n'avez pas un assistant sous la main, il est conseillé de recourir à un parapluie (parfois appelé « ombrelle »). L'idée n'est pas ici d'utiliser le parapluie de manière traditionnelle, c'est-à-dire celle qui consiste à réfléchir la lumière du flash dans la parabole du parapluie. Non ! Avec ma technique, vous devez envoyer la lumière du flash directement sur le sujet mais à travers le parapluie. Vous obtenez ainsi un rayon bien plus concentré que n'en produit la réflexion de la lumière du flash à l'intérieur du parapluie, réflexion qui produit la lumière éclairant le sujet photographié. Voici les avantages de ma technique : (1) vous pouvez obtenir un éclairage panoramique diffus dans la mesure où le parapluie peut se trouver très près du sujet ; (2) il s'agit d'un parapluie, donc d'un matériel très compact ; (3) vous pouvez contrôler le diamètre de votre source d'éclairage (voir page suivante) ; (4) c'est un matériel très bon marché souvent utilisé par des professionnels. Pour que cette technique donne de bons résultats, vous devez ajouter trois éléments à votre flash : un parapluie de type Westcott 43 Optical White Satin translucide (vous en trouverez aux alentours de 30 euros) ; un support d'ombrelle inclinable avec une griffe pour flash comme le LumoPro LP633, qui coûte environ 20 euros ; un pied lesté comme un Nano Stand de chez Manfrotto, qui vous coûtera dans les 70 euros. L'ensemble vous reviendra à une centaine d'euros.

# Diffuser la lumière à travers le parapluie

Lorsque vous diffusez la lumière du flash à travers un parapluie, vous devez décider de son niveau de diffusion. Ce niveau est en grande partie contrôlé par la position du flash à l'intérieur du parapluie. Personnellement, je souhaite obtenir une lumière des plus douce lorsque je photographie des mariés, des portraits de famille, etc. Je place le flash à environ 60 cm du parapluie. Ainsi, la lumière du flash se propage sur une très grande partie du parapluie, créant une large source d'éclairage. Or plus cette source est large, plus la lumière est douce. Si vous désirez un éclairage plus dur, rapprochez le parapluie du flash. Comme le flash dispose d'une surface d'atténuation plus réduite, l'éclairage est plus direct, donc bien moins diffus.

# Un meilleur contrôle avec une boîte à lumière portable

Si vous disposez de moyens financiers plus importants, orientez-vous vers une petite boîte à lumière spécialement conçue pour les flashs déportés. La boîte à lumière présente deux gros avantages par rapport au parapluie : (1) la lumière est mieux cloisonnée et plus directionnelle ; il est donc plus facile de créer un éclairage profond puisqu'il se concentre sur le sujet photographié ; (2) elle protège du vent bien plus qu'un parapluie lorsque vous l'utilisez à l'extérieur. Ceci est beaucoup plus important que vous ne le pensez. En effet, le vent s'engouffre dans les parapluies et risque de renverser et de casser tout votre matériel. La petite boîte à lumière que j'utilise est une Lastolite Ezybox. Elle se plie comme un réflecteur et ne prend pas plus de place que lui. Sa mise en œuvre se fait en 2 minutes. J'adore la qualité de la lumière directionnelle très douce qu'elle produit. Les boîtes à lumière existent en plusieurs tailles. J'utilise la dimension 60 × 60 cm.

## Tenir une Ezybox

*Vous n'êtes pas obligé d'installer votre Ezybox et votre flash sur un pied. Un ami (ou un garçon d'honneur, un assistant, etc.) peut tenir cette boîte à lumière à la main. Il suffit d'utiliser un accessoire spécial qui prend la forme d'un minipied lesté d'une hauteur d'environ 60 cm. Sorte de petite steadycam, l'Ezybox se faufilera quasiment partout où votre assistant peut se placer.*

# Quelle est la fonction des groupes de flash ?

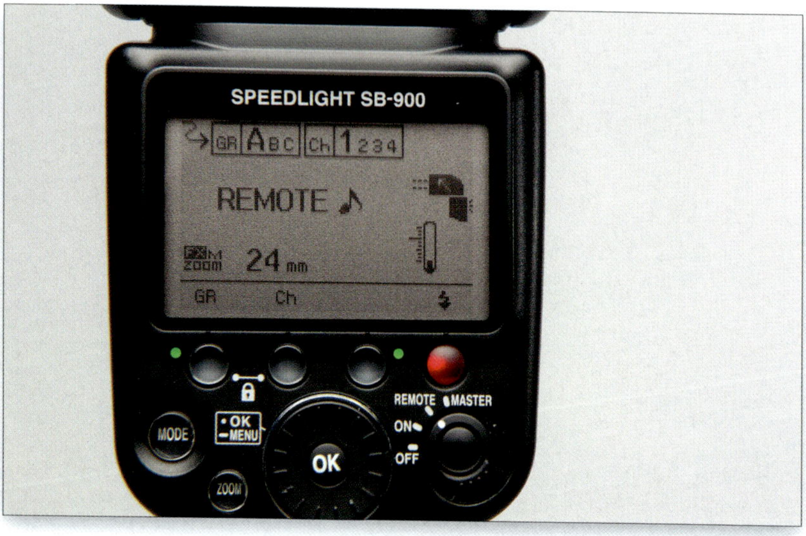


Si vous souhaitez piloter des flashs sans fil indépendamment les uns des autres, vous devez utiliser la fonction de groupes. Imaginons l'hypothèse suivante : vous placez un flash déporté à gauche du sujet photographié, et un autre flash derrière ce même sujet afin d'éclairer un décor uni blanc. Ce dispositif impose que vous contrôliez la puissance de chaque flash. Par exemple, si le flash éclairant le décor est trop lumineux, vous pouvez réduire son intensité sans incidence sur celle du flash éclairant le sujet. Pour cela, vous assignez un flash au Groupe A et l'autre (le flash du décor) au Groupe B. *De facto*, vous réglerez la puissance de chaque flash indépendamment l'un de l'autre. Il est tout à fait possible de configurer plusieurs flashs par groupe. Si vous placez deux flashs derrière le sujet (l'un éclairant la gauche et l'autre, la droite du décor) et que vous les assigniez au Groupe B, vous contrôlerez leur puissance simultanément sans aucune incidence sur le flash frontal appartenant au Groupe A. L'assignation aux groupes s'effectue sur le flash lui-même.

# Quelle est la fonction des canaux des flashs ?

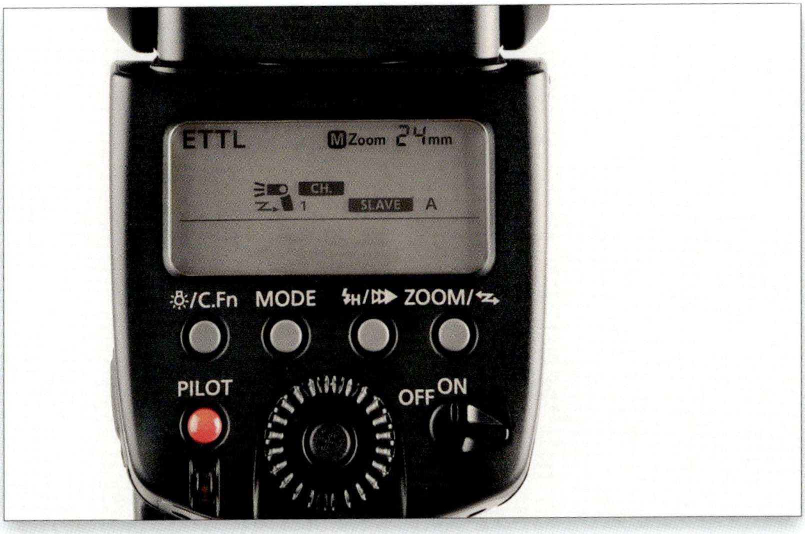


Tant que vous êtes le seul photographe d'un événement, travailler avec des flashs et des groupes ne pose aucun problème. En revanche, les choses se compliquent quand plusieurs photographes sont présents à un même événement comme un mariage. Le problème est qu'un autre photographe risque de déclencher vos propres flashs. C'est pour éviter cela que les canaux ont été inventés. Avant la cérémonie, vous réglez votre flash sur le Canal 1. Vous demandez alors au second photographe de régler le sien sur le Canal 2. Ainsi, votre appareil ne déclenchera que votre flash, et celui de votre collègue se limitera au sien. Toutefois, vous devez assigner ce canal sur deux dispositifs : (1) le flash sans fil et (2) l'unité que vous utilisez pour déclencher ce flash. Par exemple, si vous photographiez avec un Nikon et que l'autre photographe utilise l'unité de commande interne de son appareil pour contrôler le flash sans fil, demandez-lui de régler l'unité de commande sur le Canal 2. Si vous utilisez un Canon, vous utiliserez probablement comme flash maître un autre flash directement monté sur la griffe de l'appareil. Dans ce cas, vous assignerez le Canal 2 à ce flash. Si l'ensemble de ces explications vous semble confus, je vous invite à lire le Volume 2 de ce livre, dont une partie traite en détail de l'utilisation et de la configuration des flashs sans fil.

# Utiliser un transmetteur pour déclencher le flash

Dans le Volume 2 de ce livre, j'explique comment configurer le flash fixé sur la griffe de l'appareil de manière à utiliser un flash déporté sans fil. Cependant, l'utilisation du système de contrôle sans fil intégré à l'appareil pose problème. Il est impératif que l'appareil et le flash déporté soient correctement alignés l'un par rapport à l'autre pour que la transmission du signal permette de déclencher à coup sûr le flash sans fil. Cette contrainte est très lourde dans certaines circonstances de prise de vue. Pour cette raison, de nombreux professionnels utilisent un transmetteur sans fil autonome. Le flash est alors déclenché dans quasiment 100 % des cas, et ceci que le transmetteur détecte ou non la présence d'un flash sur votre appareil. Pourquoi ? Tout simplement parce que le transmetteur prend totalement en charge la fonction de déclenchement du flash sans fil. Le fabricant PocketWizard propose un système sans fil spécial dédié aux petits flashs déportés. Ce système se nomme MiniTT1 Radio Slave Transmitter. Vous l'installez directement sur la griffe de flash de votre appareil photo. Ensuite, vous placez le flash maître (principal) sur ce dispositif. L'inconvénient de cette installation est que vous êtes obligé d'acheter le transmetteur et un récepteur pour chaque flash que vous désirez déclencher à distance. Il faut savoir que cette dépense est la solution à vos problèmes.

# Comment savoir si tous les flashs se sont déclenchés ?

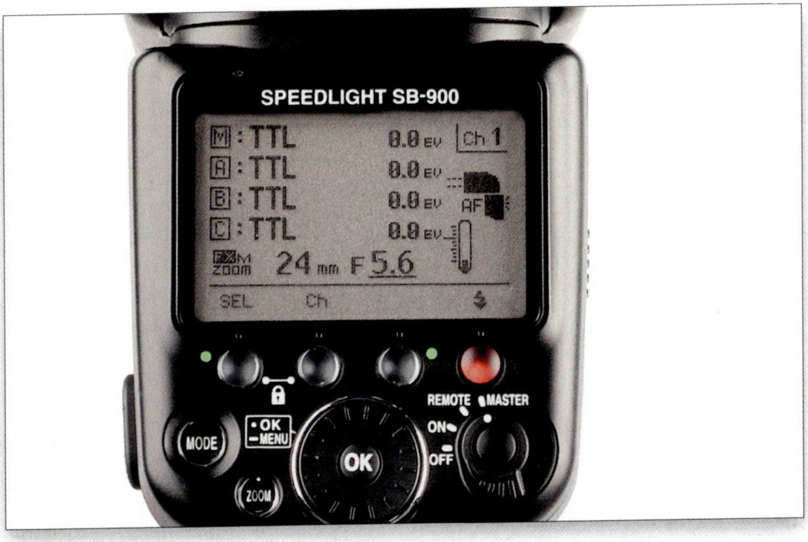


Imaginez que vous utilisez quatre flashs et que chacun d'eux est assigné à un groupe différent des autres. Ce dispositif est assez classique lorsque l'on photographie un portrait : le flash frontal est assigné au Groupe A, le flash éclairant la chevelure, au Groupe B, et les deux flashs chargés d'éclairer le décor sont assignés au Groupe C. Comment savoir si chaque flash s'est réellement déclenché ? Faites un test ! Appuyez sur le bouton rouge de test de déclenchement situé à l'arrière du flash maître. Chaque groupe va se déclencher l'un après l'autre, ce qui permet de savoir si votre dispositif fonctionne.

**Info**

*Le flash appartenant au Groupe A se déclenche en premier, suivi de celui du Groupe B, pour terminer avec les deux flashs du Groupe C.*

Vous constatez visuellement le déclenchement des flashs. Si l'un d'eux ne réagit pas, vous devez en trouver la cause. Peut-être avez-vous simplement oublié d'allumer ce flash ! Ou bien encore vous lui avez assigné un mauvais groupe ! Vérifiez également que son capteur est repéré par le flash maître, etc.

# Réduire le temps d'attente entre chaque prise de vue au flash

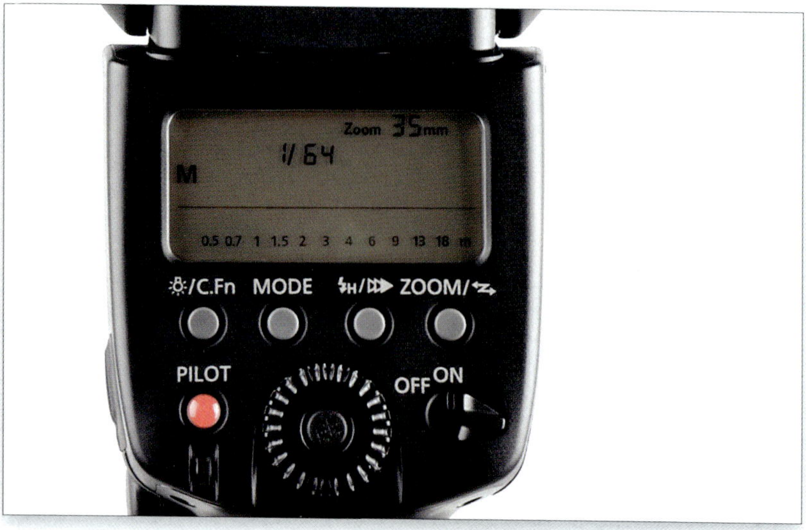


Chaque fois que votre flash se déclenche, il faut du temps pour que la batterie qui l'alimente en électricité soit de nouveau opérationnelle. Lorsque vous utilisez un jeu de batteries neuves, le cycle de recharge est très court. Vous pouvez donc enchaîner assez rapidement les prises de vue. Mais plus vous déclenchez les flashs, plus vos batteries ont besoin de temps pour recharger leurs accus, 5 secondes, puis 10, 12, c'est-à-dire une éternité pour un photographe. C'est le signe qu'il faut les remplacer. Toutefois, il existe une méthode qui réduit le cycle de recharge. Elle consiste à réduire la puissance de vos flashs. Plus cette puissance est faible et plus le flash est rapidement opérationnel. La conséquence de cette technique est que le sujet photographié reçoit moins de lumière. *De facto*, il paraît plus sombre sur la photo. Pour corriger cela, il suffit d'ajuster l'ouverture de votre diaphragme. Par exemple, si vous photographiez avec une puissance de 1/64 en ouvrant à f/5.6, vous aurez probablement besoin d'ouvrir à f/4 si ce n'est pas f/2.8 afin d'obtenir une meilleure exposition générale.

# Recharger rapidement avec une batterie externe

Parfois, vous photographierez dans des lieux où aucune erreur ne vous sera pardonnée, comme un mariage ou un défilé de mode. Dans ce genre d'événement, le cycle de recharge des flashs doit être extrêmement court, et vous devez disposer d'une autonomie de batterie suffisante pour couvrir toute la manifestation. Pour ne jamais être pris de court, utilisez un pack de batteries externe comme le SD-9 de Nikon, spécialement conçu pour le flash SB-900 (qui fonctionne avec huit piles AA). Ou bien, si vous utilisez un Canon, optez pour le pack CP-E4 (qui lui aussi est alimenté par huit piles AA). Ces batteries supplémentaires redéfinissent le fonctionnement des piles de vos flashs. Les piles de l'appareil prennent en charge absolument tout ce qui a besoin d'une alimentation électrique, dont le cycle de charge. Lorsque vous installez un pack de batterie externe, ses huit piles prennent en charge tout le processus de charge des flashs. Par conséquent, vous prolongez l'autonomie de la batterie et accélérez le cycle de charge. Si vous testez ce type de pack, vous ne pourrez plus vous en passer.

# Autre astuce pour accélérer le cycle de charge

Si vous utilisez souvent un ou plusieurs flashs déportés, vous aurez besoin de nombreuses piles pour ne pas vous retrouver dans l'impossibilité de photographier au flash. Il ne serait ni économique ni écologique d'acheter sans arrêt des piles. Donc, investissez dans des piles rechargeables. Si vous optez pour des piles de type NiMH, vous en tirerez le bénéfice suivant : grâce à leur faible voltage, elles effectuent leur cycle de charge beaucoup plus rapidement que des piles alcalines AA. En plus de cela, ces piles serechargent en 15 minutes. Achetez deux jeux de piles rechargeables NiMH AA. L'un servira au flash et l'autre, de jeu de secours. Dès que vous utiliserez ce jeu de secours, vous mettrez les autres en charge de manière à pouvoir les réutiliser le plus vite possible.

## Bien charger les piles avant de les utiliser

*Sans être utilisées, les piles NiMH perdent environ 10 % de leur autonomie par semaine. Par conséquent, ne les rechargez totalement que si vous envisagez de photographier. Ainsi, vous bénéficierez d'une autonomie totale.*

# Réglages typiques de la puissance du flash

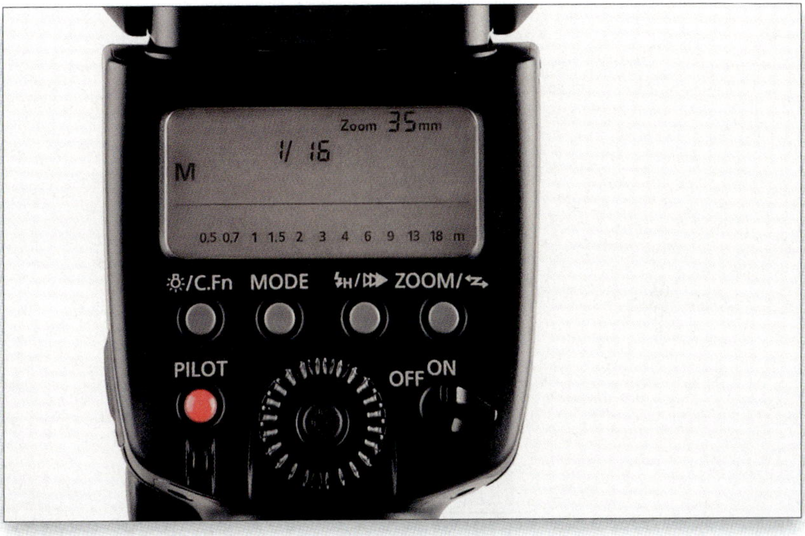


Quel que soit l'endroit où vous mettez en œuvre votre flash quand la lumière du jour est insuffisante, dans 99 % des cas vous n'utiliserez pas plus de la moitié de sa puissance. Il y a même de grandes chances pour que vous limitiez cette puissance à 25 % (parfois je choisis 1/8 ou 1/16 de cette puissance totale). Pourquoi une valeur aussi faible ? Car il est nécessaire de trouver le parfait équilibre entre la lumière du flash et la lumière ambiante fournie par le lieu de la prise de vue. Bien souvent, vous n'aurez besoin du flash que comme éclairage d'appoint. L'important est que votre flash produise une lumière la plus naturelle possible. Pour cela, il est nécessaire d'en limiter la puissance.

# Déclencher un second flash dans une autre pièce

Imaginons que vous photographiez l'intérieur d'une maison. Vous utilisez pour cela un flash déporté. Dans ce genre de situation, il n'y a rien de pire que voir une pièce adjacente plongée dans l'obscurité. Pour pallier ce problème, vous placez un second flash dans cette pièce. Vous l'orientez de manière qu'il envoie son éclair vers le plafond. Ainsi, la totalité de la pièce sera éclairée. Bien entendu, vous devez tout faire pour que le flash positionné dans cette pièce ne soit pas physiquement visible sur la photo. Parfait ! Mais c'est là que surgit un nouveau problème : ce flash sera hors de portée du flash principal. Donc, il ne se déclenchera pas. Que faire ? Simplement ceci : réglez votre flash en mode Télécommande (ou Esclave, en fonction du modèle que vous utilisez). Dans ce cas, il n'a pas besoin d'être placé dans le même axe que le flash maître. Dès qu'il détectera la plus petite variation de lumière dans la pièce principale suite au déclenchement du flash maître, il se déclenchera à son tour ! Repensez à cette astuce dès que vous serez confronté à ce type de prise de vue.

# Plus puissant que le soleil

La technique que je vous présente ici est très utilisée pour les photos de mariage prises en extérieur. L'idée est d'éclairer encore plus fort que la lumière du jour. Comment est-ce possible ? Il suffit de régler l'exposition comme si vous photographiiez en extérieur mais sans flash (ce qui est l'hypothèse la plus souvent rencontrée). Ensuite, sous-exposez intentionnellement la prise de vue de un ou de deux diaphs. La photo apparaît plus sombre. Alors, vous allumez votre flash. Il va éclairer le sujet à la place du soleil. Vous obtenez une photo très professionnelle. Réglez votre appareil en mode Programme. Ensuite, appuyez sur le déclencheur à mi-course. Notez bien les réglages choisis par votre appareil pour exposer correctement la photo avec la lumière du jour. Supposons qu'il indique 1/80 de seconde avec une ouverture de f/11. Passez en mode Manuel. Fixez la vitesse à 1/80 avec une ouverture de f/11. Maintenant, pour sous-exposer la scène, réglez le diaph sur f/16. Faites une prise de vue test, et assurez-vous que l'image est suffisamment sombre. Si ce n'est pas le cas, fermez à f/22, et prenez une autre photo test. Une fois que l'image est bien sous-exposée, allumez le flash, et utilisez-le pour éclairer le sujet. À l'extérieur, j'utilise le flash à sa puissance maximale. Si le résultat est trop clair, je réduis légèrement l'intensité du flash, et je fais un nouveau test. Réduisez cette puissance jusqu'à ce que l'image obtenue soit équilibrée, comme la photo ci-dessus prise un après-midi ensoleillé.

# Utiliser un ring flash

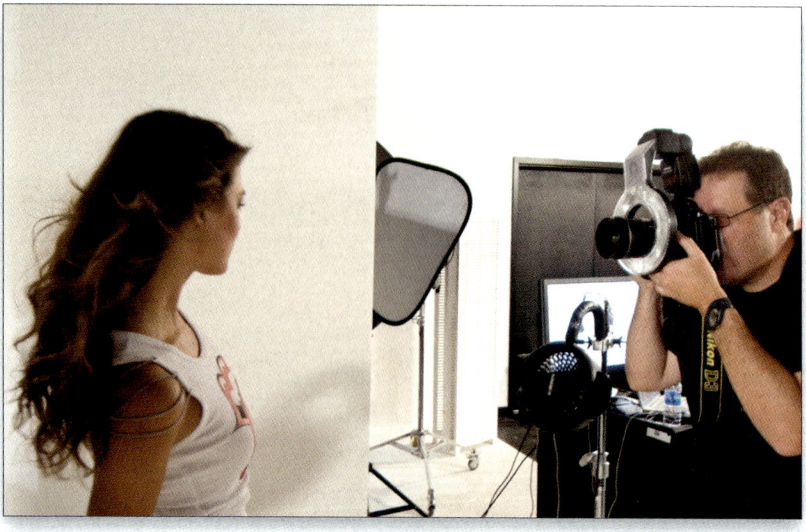

Voici un matériel que vous adorerez ou bien que vous ne supporterez pas car il produit un éclairage plat, lumineux, avec des ombres dures derrière le sujet. Ces ring flashs sont gros, encombrants et chers. Toutefois, il existe un adaptateur qui permet de fixer ce dispositif sur un flash déporté produisant des images très appréciées des photographes œuvrant en art contemporain. Cet anneau particulier est moins volumineux, moins lourd et moins cher qu'un anneau classique. On l'appelle Ray Flash. Il s'installe sur la tête de votre flash et s'étend jusqu'au centre de l'objectif comme sur l'illustration ci-dessus. Cet anneau diffuse la lumière de votre flash en une forme elliptique. Ce matériel est très léger et n'exige aucun accessoire supplémentaire ni alimentation spéciale.

### Si l'on tient absolument à un vrai ring flash

*J'ai trouvé un vrai ring flash à un prix raisonnable fabriqué par AlienBees. Il se fixe sur votre appareil mais est plus encombrant, lourd et cher qu'un adaptateur Ray Flash. En revanche, il est moins cher et moins lourd que tous les autres types de ring flashs. Je parle de ce matériel à la page 47 du Chapitre 2.*

# Que faire si la pleine puissance du flash est insuffisante

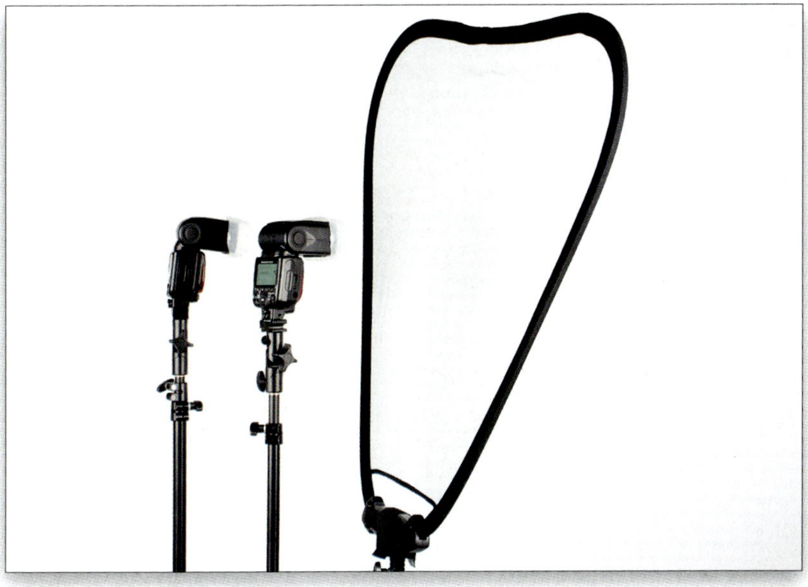

Si le flash utilisé au maximum de sa puissance se révèle insuffisant pour éclairer correctement le sujet photographié, ajoutez-en un autre. Il suffit de placer les deux flashs l'un à côté de l'autre et de les assigner au même groupe. Ainsi, ils se déclencheront simultanément. C'est exactement comme quand vous allumez une seconde lampe pour augmenter la luminosité de votre salon. Toutefois, ayez conscience que l'ajout d'un second flash ne double pas la puissance de l'éclairage. Normalement, ce flash supplémentaire fait gagner un diaph d'exposition. Pour gagner deux diaphs, ajoutez deux flashs, et ainsi de suite.

# Réduire la puissance du flash interne

*Nikon*

*Canon*

Certains photographes utilisent le flash interne de l'appareil comme lumière d'appoint. Ils appliquent cette technique pour éviter d'éclairer trop puissamment le sujet photographié. Ils ont simplement besoin d'un éclairage d'appoint pour déboucher les ombres. Le problème est que votre appareil ne sait pas que vous souhaitez un éclairage peu puissant. En général, l'appareil indique au flash d'envoyer plus de lumière que vous n'en avez besoin. Heureusement, de nombreux appareils peuvent être réglés de manière à réduire la puissance du flash interne. Sur les appareils Nikon, maintenez enfoncé le bouton du mode flash (celui qui se situe en façade du boîtier, à proximité de l'objectif. Une icône d'un éclair permet d'identifier ce bouton). Ensuite, regardez l'écran de contrôle situé au-dessus du boîtier. Tournez la molette secondaire jusqu'à ce que vous voyiez apparaître un chiffre négatif. Sur un Canon, appuyez sur le bouton de correction ISO/Exposition du flash. Regardez l'écran LCD supérieur ou dans le viseur, et tournez la molette de réglage jusqu'à ce qu'apparaisse une valeur négative. Ensuite, prenez une photo test. Regardez le résultat obtenu. Vous saurez alors s'il est nécessaire de réduire davantage la puissance du flash.

# Les situations où l'on ne doit pas utiliser un dôme de diffusion

La plupart du temps, je laisse mon dôme de diffusion sur mon flash. Il me permet de diffuser la lumière et d'obtenir un éclairage plus doux. Cependant, il existe des situations où vous n'avez pas besoin du dôme. Quand ? Lorsque vous souhaitez obtenir un éclairage plus dur avec des contours bien marqués. Par exemple, si votre flash est loin du sujet photographié, enlevez le dôme. La distance est telle que l'éclairage se diffuse énormément. De plus, vos batteries sont inutilement sollicitées. De même, lorsque vous photographiez en extérieur avec un flash d'appoint, le dôme est totalement inutile.

# Astuce de pro pour de superbes portraits

Voici une astuce utilisée par les pros lorsqu'ils photographient des portraits avec le petit flash interne de leur appareil : ils placent une gélatine orange sur le flash. Peu importe l'heure à laquelle la photo est prise. Cette gélatine donne à l'éclair du flash une couleur qui permet d'obtenir une peau des visages beaucoup plus naturelle.

# Deux autres gélatines indispensables

Si vous souhaitez que votre flash produise des couleurs naturelles, c'est-à-dire que sa lumière se confonde avec l'éclairage ambiant, deux autres gélatines sont indispensables : (1) une gélatine orange pour les photos en intérieur prises sous un éclairage incandescent ; (2) une gélatine verte lorsque vous photographiez dans un bureau ou un bâtiment sous lumière fluorescente.

# Filtres autocollants

De nombreuses personnes ne savent pas où se procurer des gélatines. Lorsque je fais des conférences et des formations, les participants me posent souvent ces questions : « Quelles gélatines dois-je acheter ? De quelles couleurs ? Comment et où les fixer sur mon flash ? Dois-je les couper pour les mettre à la bonne taille ? » Une société de fabrication de gélatines appelée Midsouth Photographic Specialities apporte une réponse à toutes ces questions. Elle a eu l'idée de créer des jeux de gélatines aux couleurs les plus demandées et qui s'adaptent parfaitement bien aux flashs déportés. On les appelle des filtres autocollants. Appliquez-les sur le flash, et vous voilà prêt !

# Conseil pour éclairer son décor avec un flash

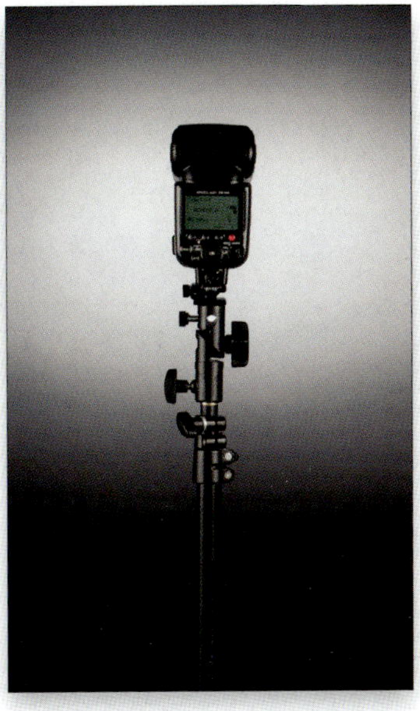

Voici une règle très simple qui vous aidera à utiliser un petit flash déporté pour éclairer un mur ou un décor uni situé derrière le sujet photographié. Si vous désirez éclairer uniformément la totalité de l'arrière-plan, placez votre dôme de diffusion sur le flash. Cette technique répartit la lumière sur une plus grande largeur. L'éclairage paraît bien plus doux et uniforme. Ensuite, éloignez le flash de l'arrière-plan. Plus il en est loin, plus la lumière se répand sur le décor. En revanche, pour obtenir un « point » de lumière derrière votre sujet, rapprochez le flash de l'arrière-plan, et enlevez le dôme de diffusion comme sur la photo de droite ci-dessus.

# Utiliser un petit support de flash

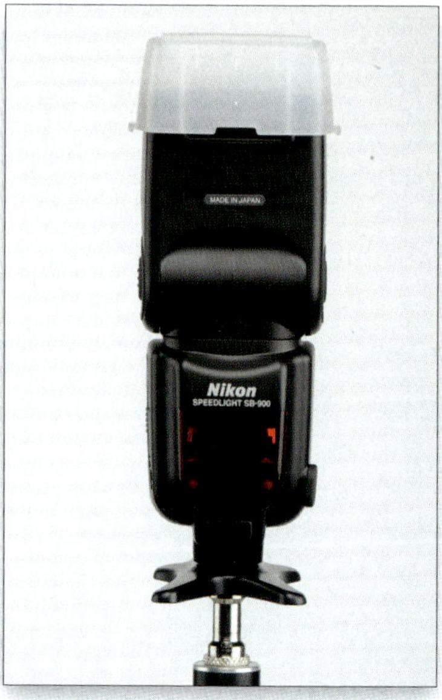


Si vous achetez un flash Nikon ou Canon, regardez bien à l'intérieur de son emballage. Vous y trouverez un petit support en plastique. Votre flash peut s'installer dessus, ce qui vous permet de le placer par terre derrière le sujet photographié, ou encore sur une table. Ce petit support possède un dispositif ignoré de nombreux utilisateurs : sous sa tête de fixation, vous trouverez un pas de vis permettant de le fixer sur un trépied ou sur un pied pour flash. Votre flash prend alors de la hauteur. Ce petit accessoire vous évitera d'acheter un adaptateur spécial pour fixer votre flash sur un trépied.

# La mise au point affecte la mesure d'exposition du flash

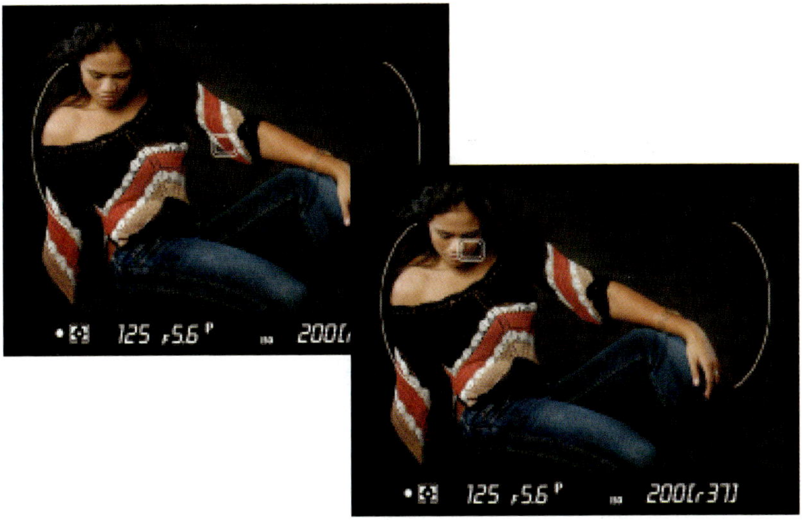

SCOTT KELBY

Aujourd'hui, les flashs déportés font un excellent travail mais qui se fonde sur les valeurs d'exposition de votre prise de vue. (Canon appelle cette mesure TTL, acronyme de *Through-Thelens Metering*, tandis que Nikon la nomme i-TTL pour *intelligent-through-the-lens metering*. Dans les deux cas, il s'agit exactement de la même chose.) Bon, à quoi devez-vous faire attention ? Votre flash est conçu pour vous aider à faire l'exposition la plus correcte possible en fonction de la zone de l'image où vous faites la mise au point. Donc, si vous faites le net sur le sujet, le flash va éclairer de manière à exposer correctement le sujet. C'est en fonction de ce point de netteté que le flash va adapter sa puissance. Cependant, si vous faites le point sur une autre zone, comme le décor situé derrière le sujet, votre flash va ajuster sa puissance pour exposer correctement cet arrière-plan. Pour cette raison, lorsque vous utilisez un petit flash déporté, vous devez déterminer la zone de mise au point que vous souhaitez exposer correctement. L'éclairage produit par le flash sera alors bien meilleur.

# Ne soyez pas en manque de flashs !

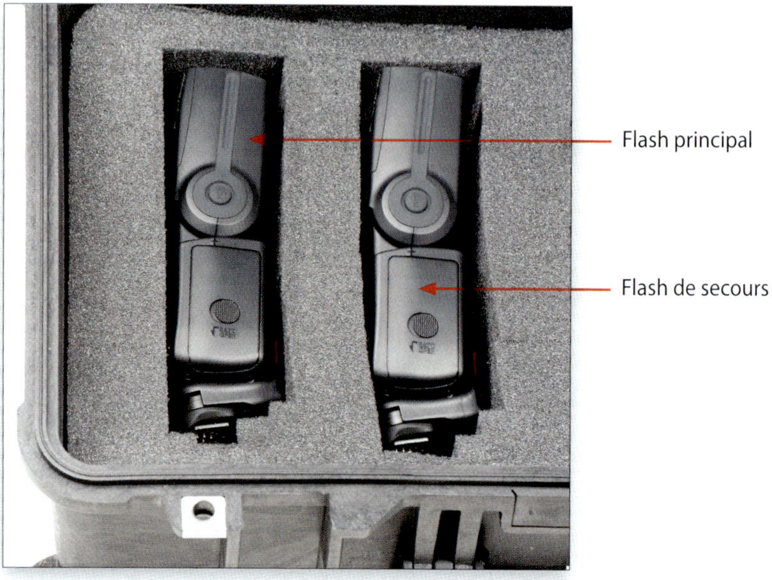


Si vous devez vous déplacer pour réaliser des photos de mariage, des portraits, etc., vous devez impérativement protéger vos flashs pendant le transport. Vous emporterez toujours deux flashs. Le flash principal et un flash de secours pour pallier toute panne de votre matériel. En d'autres termes, si le flash principal ne fonctionne plus, vous disposerez de votre flash de secours. Voici mon conseil : achetez un flash de secours de la même marque et du même modèle que votre flash principal. Ainsi, si vous êtes obligé de changer de flash pendant une session de prise de vue, vous retrouverez la configuration de votre flash principal, ce qui vous permettra d'obtenir des photos identiquement exposées.

# Comment placer son flash en hauteur

Votre configuration sans fil est réglée, et votre flash est installé sur un pied (ou bien tenu par un ami). Maintenant, vous vous posez la question suivante : « À quelle hauteur dois-je placer ce dispositif, et dans quelle direction doit-il être dirigé ? » Voici une réponse très simple : placez le flash là où devrait se trouver le soleil. Généralement, le soleil est très haut dans le ciel et ses rayons descendent vers nous. Faites de même avec votre flash sur pied. Il doit pointer vers le sujet photographié. Vous pouvez voir la photo résultant du dispositif ci-dessus sur le site **www.kelbytraining.com/books/digphotogv3**.

# Sur quel côté du sujet placer le flash ?

Un jour, un photographe portraitiste célèbre m'a dit qu'il plaçait toujours son éclairage sur le côté gauche du sujet. Pourquoi ? Parce qu'à ses débuts, travaillant seul, il tenait son flash avec sa main gauche. Ainsi, il soutenait et contrôlait l'appareil de sa main droite. Aujourd'hui, il est tellement habitué à voir la lumière venant de la gauche qu'il répète systématiquement ce dispositif d'éclairage même quand il travaille en studio. Personnellement, je place aussi mes éclairages à gauche du sujet. Toutefois, lorsque je photographie sur site et que je ne peux pas éclairer depuis la gauche, eh bien, je place mes lumières sur le côté droit. Vous constatez que la question existentielle que vous vous posiez a vite trouvé une réponse des plus simple. (Reportez-vous à la page 220 pour apprécier la photo obtenue avec le dispositif illustré ci-dessus.)

*Obturation : 1/200 s   Ouverture : f/8   ISO : 200   Focale : 116 mm | Photo Scott Kelby*

# 2

# Utiliser son studio comme un pro

## Améliorer le studio improvisé au Volume 2

Dans le Volume 2, je vous ai expliqué comment simuler un fond de studio avec une simple plaque de plastique. Vous pouvez ainsi monter un petit studio composé d'une seule source de lumière, et ceci avec un matériel très limité. Mais voilà, nous croyons souvent bien faire, et il y a toujours des personnes qui vous démontrent le contraire. Après la lecture de ce fameux volume, certains m'ont posé la question suivante : « Que dois-je faire si je veux utiliser deux éclairages ? » Cette question m'a paniqué ! Je croyais avoir tout dit dans le Volume 2, à tel point que je n'avais rien envisagé à ce sujet en faisant le plan de ce Volume 3. Il m'a donc fallu reconsidérer la structure de mon livre. J'ai réalisé qu'il fallait impérativement écrire un chapitre qui reprendrait la prise de vue en studio là où le Volume 2 l'avait laissée, mais qui expliquerait également comment recréer un studio avec peu de moyens pour réaliser des prises de vue dans les conditions exprimées par mes lecteurs. Voilà qui est fait !

# La méthode la plus simple pour créer un fond blanc pur

Il est parfois difficile de créer un arrière-plan uni parfaitement blanc. Pourquoi ? Parce que cela nécessite deux éclairages de qualité et d'intensité égales. Ce décor ne doit pas présenter de zones plus ou moins blanches. Pour pallier ce problème, j'utilise le fond blanc lumineux HiLite de Lastolite, qui crée un arrière-plan uniformément blanc. Le HiLite se plie et se déplie avec une grande facilité, ce qui permet de l'utiliser sur site. Une fois qu'il est mis en place, il suffit de positionner la tête de votre flash sur l'un des deux côtés et de diriger l'éclair du flash vers l'arrière. Ensuite, utilisez environ un quart de la puissance du flash. Dès que ce dernier produira son éclair, l'arrière de l'HiLite sera éclairé, renvoyant une belle lumière blanche uniforme. Les deux côtés de ce fond lumineux disposent d'un emplacement pour des éclairages. Toutefois, je l'utilise généralement avec un seul flash et j'obtiens d'excellents résultats. Pensez simplement à placer un réflecteur devant votre flash pour bien diffuser sa lumière. Le dispositif ci-dessus est prêt en 3 minutes chrono. Pour voir la photo obtenue, rendez-vous sur le site **www.kelbytraining.com/books/digphotogv3**.

**Mettre toutes les chances de son côté**

*Lorsque vous préparez une session de prises de vue en studio, prenez le temps de détailler sur une feuille de papier le type de photo que vous voulez prendre. Dressez ensuite la liste de tout le matériel nécessaire à l'éclairage de ces futures images. Planifier vos sessions photographiques en garantit la réussite.*

# Les flashs à système sans fil intégré

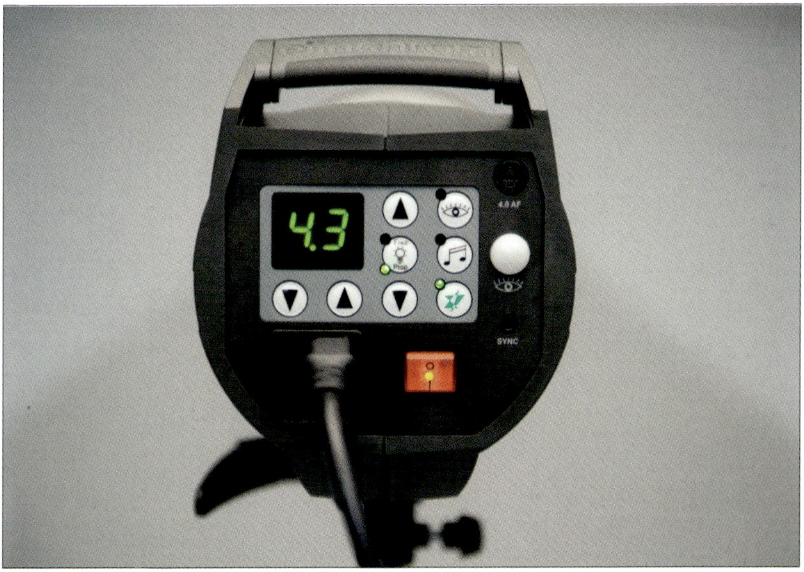


Comme vous avez pu le remarquer, je cherche toujours la solution de facilité. Donc, pourquoi chercherais-je à me casser la tête avec des fils qui traînent partout dans mon studio ? J'ai donc trouvé la solution au problème des fils : le système Skyport EL d'Elinchrom. Il s'agit d'un flash qui intègre un déclencheur sans fil. Il ne vous reste plus qu'à glisser l'émetteur dans la griffe de flash de votre appareil. Ce dispositif présente un autre intérêt que la liaison sans fil : vous pouvez contrôler la puissance de tous les flashs *via* votre appareil, et ceci grâce à l'émetteur. Cela signifie que, si vous utilisez un flash pour éclairer l'arrière des cheveux, vous pourrez en réduire l'intensité depuis votre appareil photo. Ce matériel peut contrôler jusqu'à quatre groupes de flashs. Il est donc très facile d'en assigner un à votre éclairage principal, un à celui des cheveux (la fameuse *hair light*), et un dernier pour l'arrière-plan. Tous seront contrôlés sans que vous ayez à lâcher votre appareil photo. Vous pouvez acheter un kit auprès de B&H Photo. Il comprend deux flashs BXRi de 500 watts, deux boîtes à lumière de 60 cm, deux supports, deux mallettes et un émetteur sans fil. L'ensemble coûte environ 1 100 euros.

# Improviser un décor

SCOTT KELBY

Si vous photographiez beaucoup en studio, vous risquez d'être rapidement lassé par vos différents fonds de couleur unis. Évitez la déprime et la routine en créant aisément vos propres éléments de décor. La tâche est bien plus simple que vous l'imaginez. Inutile de vous ruer dans la première grande surface de matériaux discount en tout genre. Une simple astuce va vous faire gagner du temps et de l'argent tout en ménageant vos efforts. Et cette astuce s'appelle « la profondeur de champ ». Grâce à elle, un élément rudimentaire va créer un fond absolument merveilleux. Prenez l'exemple de la photo ci-dessus. J'utilise un paravent vénitien diffusant une source de lumière placée derrière lui. Ensuite, je positionne mon sujet à une distance suffisante, et je règle mon appareil de manière à réduire la profondeur de champ. Résultat : le paravent est flou, ce qui crée un arrière-plan texturé d'une très belle qualité.

# Photographier en musique

Une majorité de professionnels travaillent en musique, surtout lorsqu'ils photographient des modèles. Chacun sait que la musique adoucit les mœurs. Désormais, chacun saura qu'elle adoucit également les sessions de prises de vue. En effet, elle détend le sujet photographié, qui se laisse alors plus facilement diriger. De quoi avez-vous besoin ? D'un iPod (ou de tout autre lecteur MP3 de votre choix) que vous insérez dans une station d'accueil comme celle représentée ci-dessus. Maintenant, voici ce que je vous conseille : demandez au sujet photographié le type de musique qu'il souhaiterait écouter. Pour ce livre, j'ai travaillé avec de nombreux modèles masculins et féminins. À mon grand désarroi, ils n'ont jamais choisi des chansons des années 1980 ! Ils leur ont préféré des titres de R&B, de hip hop, de rock, de rap, et des musiques alternatives. Donc, n'hésitez pas à vous procurer les musiques préférées de vos modèles en les achetant sur le site de téléchargement légal de votre choix, comme iTunes Store. Quelques clics suffisent pour satisfaire vos sujets et rendre la session de prises de vue des plus agréable et productive.

# Utiliser un bol de beauté

Si vous désirez obtenir un éclairage moins doux que celui d'une boîte à lumière sans pour autant présenter des contours trop durs, essayez un bol de beauté. (Les photographes l'appellent souvent de son nom anglais, *beauty dish*.) La lumière obtenue est bien contrastée sans créer des contours ombrés trop marqués. Un bol de beauté se place devant votre flash à l'instar d'une boîte à lumière. Toutefois, ce bol est un gros réflecteur métallique. La lumière produite est plus « dynamique », ce qui crée de magnifiques portraits. Ce type d'éclairage met en valeur les tonalités de la peau et du visage. Cette technique est très employée dans les publicités de mode. Lorsque vous utilisez un bol de beauté, placez-le devant le sujet, en hauteur, avec une inclinaison de 45° (comme ci-dessus). Vous avez également la possibilité de placer un réflecteur plat au niveau de la poitrine de votre sujet afin de déboucher les ombres qui apparaissent sous ses yeux (voir page 50$$$vérifier$$$). En fonction de la marque du bol de beauté, vous devrez probablement choisir entre un bol blanc ou argent. J'utilise le blanc car il produit une lumière plus douce. Le bol argent a un pouvoir réfléchissant plus important et génère un éclairage plus contrasté.

# Utiliser une grille nid d'abeille

La grille nid d'abeille se place devant le flash. Elle permet de focaliser le rayon de lumière pour obtenir des effets très intenses. Les contours sont très marqués puisqu'il n'y a pas de boîte à lumière devant le flash. Ce type d'éclairage est très souvent utilisé pour définir les arrière-plans des portraits. Ces grilles existent en plusieurs degrés, c'est-à-dire 10°, 20°, et ainsi de suite. Plus la valeur indiquée est faible, plus le rayon obtenu est étroit. Personnellement, j'utilise une grille de 20 ou 30°. Son utilisation est très simple. Dès que la grille est en position, le rayon lumineux est grandement rétréci, donc concentré sur une zone de la scène photographiée. Installez une grille sur un des côtés du modèle en visant le profil. Ensuite, placez un éclairage d'appoint devant son visage. Et voilà ! Vous obtenez un résultat formidable. Vous en apprendrez davantage dans le dernier chapitre de ce livre.

# Se raccorder à un écran de télévision

Pour mieux apprécier votre cadrage, reliez votre appareil photo à un téléviseur ou à un moniteur vidéo. De nombreux reflex numériques possèdent une sortie vidéo, voire HDMI (comme les derniers modèles Canon et Nikon), qui se raccorde sans problème à une télévision. Vous disposez alors d'un écran LCD gigantesque comparé à celui de votre appareil photo. L'intérêt d'un tel raccordement à une télévision est que vous conservez toutes les fonctionnalités de votre appareil photo. Ainsi, vous pouvez afficher les informations qui apparaissent habituellement sur son écran LCD. Vous identifiez aisément les avertissements des hautes lumières, vous accédez aux réglages de l'appareil, etc. La télévision permet d'apprécier le niveau de netteté de votre photo. Vous décelez des défauts totalement masqués sur le petit écran LCD de l'appareil. De plus, les sujets photographiés adorent se regarder sur une telle surface de diffusion. Un grand écran améliore l'affichage de n'importe quelle image. Mais de quoi avez-vous besoin pour établir cette connexion ? D'une télévision, bien évidemment, et d'un câble de sortie vidéo qui est généralement livré avec votre appareil.

# Travailler avec son ordinateur portable

SCOTT KELBY

Si vous décidez de raccorder directement votre appareil photo numérique à votre ordinateur portable, utilisez-le pour réaliser vos prises de vue ! (J'explique comment procéder dans le Volume 2 de ce livre.) Le dispositif illustré ci-dessus est le meilleur moyen de profiter simultanément de votre ordinateur portable et de votre appareil photo. L'ensemble repose sur une plate-forme stable et résistante. Le modèle présenté ici est le G-065 de chez Gitzo. La plate-forme se fixe sur un trépied standard, et sa taille permet d'accueillir sans problème un portable de 15 pouces. Si vous utilisez régulièrement un trépied, vous pouvez ajouter un bras Manfrotto 131DD. Il s'agit d'une barre horizontale qui se visse sur votre trépied. Ensuite, vous pouvez y installer la plate-forme pour moniteur Gitzo. Votre ordinateur portable prendra place sur l'un des côtés de ce bras. Sur l'autre extrémité, placez la rotule qui est habituellement attachée au trépied. Sympa, non ?

## Évaluer la qualité de l'image sur son écran

*Gardez ceci à l'esprit : lorsque vous ouvrez une image sur un grand écran d'ordinateur (24 pouces ou plus) et que vous l'affichez à 100 %, il se peut que la netteté pose problème. Rappelez-vous alors que l'image ainsi affichée est bien plus grande qu'elle ne le sera dans la réalité. Effectuez un zoom arrière jusqu'à ce que l'image corresponde à peu près à sa taille d'impression. Si vous envisagez une impression grand format, tenez-vous à environ 2 mètres de l'écran, c'est-à-dire à la distance à laquelle se tient généralement toute personne regardant une photo tirée dans une telle dimension.*

# Les accessoires indispensables les moins chers

Si vous ne possédez pas un rouleau de ruban adhésif (gaffer), courez immédiatement en acheter un. C'est un des éléments de votre attirail de photographe sans lequel vous ne pouvez pas exercer correctement votre travail. Sa fonction est quasi universelle. Vous l'utiliserez pour fixer des grilles de spots, pour boucher un trou dans une boîte à lumière, pour maintenir plusieurs éléments ensemble, j'en passe et certainement des meilleurs (c'est vous dire son utilité !). L'autre accessoire précieux que je vous invite à acheter est une pince de type serre-joint. Elle servira à maintenir n'importe quel élément de votre studio, voire les vêtements du sujet photographié afin de supprimer des plis inesthétiques. Vous trouverez ces accessoires chez votre revendeur local ou bien sur Internet. Vous leur trouverez mille utilisations possibles.

# Vous allez adorer les pieds à roulettes !

Lorsque vous déciderez d'acheter un support d'éclairage pour votre studio, choisissez-en un à roulettes. Pourquoi ? Voici deux bonnes raisons : la première est des plus objective – vous déplacerez souvent vos sources d'éclairage. Avec un support à roulettes, l'opération est bien plus facile à réaliser, ce qui autorise de nombreux tests. La seconde raison tient à votre sécurité et à celle de vos modèles. En effet, les éclairages, les boîtes à lumière et vos accessoires sont placés en haut du pied. Il suffit d'un mouvement accidentel pour tout renverser. Grâce aux roulettes, le support se déplace sans basculer, ce qui vous évitera bien des blessures et des visites chez l'ostéopathe.

# De l'importance du sac de sable

Quelle que soit la qualité du pied d'éclairage que vous achetez, un jour ou l'autre il tombera par terre ! Dans le meilleur des cas, vous ne casserez que l'ampoule de la lampe ou bien déchirerez légèrement la boîte à lumière. Dans le pire des cas, tout tombe sur le modèle, votre client, la maquilleuse ou un ami. Pour éviter de blesser quelqu'un, achetez des sacs de sable. Utilisez-les comme contrepoids. B&H Photo vend des sacs vides que vous remplirez vous-même du volume de sable nécessaire à l'obtention d'un parfait équilibre de votre pied d'éclairage. Une fois le sac rempli, fixez-le sur les pieds de votre support comme sur l'illustration ci-dessus. Faites très attention lorsque vous enlevez vos sacs de sable. Vous risquez de faire basculer le pied, entraînant tous vos éclairages et accessoires dans sa chute. Tenez toujours le pied d'une main et retirez les sacs de l'autre.

# Monobloc ou générateur autonome

Un éclairage monobloc est un éclairage de studio qui se branche directement dans une prise de courant murale comme n'importe quelle autre lampe. Si vous désirez utiliser vos éclairages sur site, et notamment en extérieur, utilisez un générateur autonome de type Elinchrom Kit Ranger. Il se compose d'une grosse batterie et d'une lampe. L'avantage de ce matériel est de pouvoir utiliser des éclairages de studio en extérieur. L'inconvénient est que vous êtes obligé d'utiliser une torche compatible avec ce genre de générateur. Toutefois, de plus en plus de sociétés vendent des générateurs autonomes qui acceptent des éclairages de studio standard. Par exemple, j'utilise un générateur autonome Explorer XT de Innovatronix qui me permet de connecter jusqu'à deux de mes lampes de studio. Ce système est quasiment deux fois moins cher qu'un générateur dédié.

# Trois décors différents avec un seul fond uni

SCOTT KELBY

Grâce à un fond blanc uni, vous pouvez utiliser la lumière pour varier son apparence. Voici comment procéder :

(1) Pour que ce fond soit totalement blanc, il suffit simplement de l'éclairer. L'idéal est de placer une lumière de chaque côté de cet arrière-plan.

(2) Pour obtenir un fond gris, éteignez l'éclairage d'arrière-plan. En effet, le papier a besoin de lumière pour être blanc. Vous voyez comme il est facile d'obtenir une deuxième couleur à partir d'un seul fond uni.

(3) Pour obtenir un fond noir, n'allumez pas les lumières et choisissez la vitesse d'obturation la plus rapide possible, permettant tout de même de voir le sujet photographié. En général, cette vitesse est de 1/200 ou 1/250 de seconde. L'arrière-plan est alors plus sombre. En modifiant la vitesse d'obturation, vous disposez d'une troisième couleur à partir d'un même fond uni blanc.

# Utiliser un ring flash

En matière de photo de mode, l'utilisation d'un ring flash est devenue quasiment incontournable. Le ring flash est un anneau composé de petits flashs créant une lumière circulaire. Cet éclairage particulier produit une lumière très plate avec des ombres projetées très dures derrière le sujet photographié. Au Chapitre 1, je vous ai parlé d'un adaptateur que vous pouvez installer sur un flash déporté afin de simuler un ring flash. Cette solution est très peu onéreuse. En revanche, un « vrai » ring flash peut se révéler coûteux. Cependant, j'ai trouvé un ring flash à un prix raisonnable pour tous ceux qui ne veulent pas forcément faire carrière dans la photo de mode. Il s'agit du modèle ABR800 d'AlienBees. C'est un ring flash étonnamment léger mais qui donne des résultats surprenants. Son prix ? Environ 400 dollars (ce modèle n'est pas facile à trouver en France) au lieu de 1 000 dollars pour la majorité des ring flashs classiques. À la page 223, vous pouvez voir la photo obtenue avec la configuration de prise de vue illustrée ci-dessus.

# Les paravents

Si vous faites de la photo de mode, vous effectuez très souvent des prises de vue de trois quarts et de face. Ce type de photo nécessite généralement l'utilisation d'un paravent (appelé V-Flats) qui se compose de grandes plaques de 2,50 mètres de haut et de 1 à 1,50 mètre de large. En règle générale, un des côtés est noir et l'autre, blanc. Vous utilisez le côté blanc comme une sorte d'immense réflecteur diffusant la lumière sur tout le corps du sujet photographié. Ce panneau est placé sur le côté du modèle ou de manière légèrement oblique. Ainsi, la lumière réfléchie atteint le sujet de différentes manières. Le nom de V-Flat tient au fait que ce matériel, une fois ouvert, a la forme d'un V. Cela permet de couvrir un grand nombre de situations d'éclairage sans être obligé de recourir à des pieds et autres supports. Comme l'une des faces du paravent est noire, utilisez-le comme un coupe-flux (ou comme un drapeau). Cette technique permet de limiter l'intensité de la lumière qui atteint le sujet photographié. Pour voir la photo obtenue avec le dispositif d'éclairage ci-dessus, visitez la page web **www.kelbytraining.com/books/digphotogv3**.

# Reflet dans un œil d'or

SCOTT KELBY

Le titre de cette section est une petite référence au merveilleux film de John Huston avec Elisabeth Taylor et Marlon Brando. Après que j'eus étalé ma culture cinématographique, sachez qu'il est vraiment important que la lumière se reflète dans les yeux de vos modèles pour donner plus d'éclat à leur regard. Donc, ne perdez pas votre temps à essayer de les supprimer dans Photoshop ! La prochaine fois que vous irez dans un studio de photo, regardez comment les professionnels s'y prennent pour obtenir de jolis reflets dans les yeux. Non seulement vous verrez quel type de matériel ils utilisent pour renvoyer la lumière, mais vous comprendrez comment cette lumière doit être mise en place. Si vous remarquez la présence d'un reflet supplémentaire en bas de l'œil, vous verrez que le photographe place un réflecteur à un très bas niveau de manière à bien diriger une subtile lumière vers la partie inférieure des yeux.

# Utiliser un réflecteur blanc ou argent

Les réflecteurs sont disponibles en deux couleurs. Toutefois, les plus utilisés sont blancs, argent ou or. Ce dernier est généralement employé en extérieur car il ajoute une lumière chaude. Pour le studio, vous devez vous décider entre un réflecteur blanc ou argent. Lequel devez-vous utiliser et surtout dans quelles circonstances devez-vous le mettre en œuvre ? Voici le principe général qui se dégage en matière d'utilisation des réflecteurs : la couleur argent réfléchit plus de lumière. Donc, vous l'utiliserez lorsque le réflecteur sera éloigné du sujet, voire derrière lui. En revanche, si vous avez besoin de placer un réflecteur à proximité du sujet, utilisez la couleur blanche. En effet, ce réflecteur renvoie moins de lumière qu'un réflecteur argent. (La photo obtenue avec le dispositif d'éclairage illustré ci-dessus est visible à la page 231.)

## Réduire les reflets sur les lunettes

*Si votre sujet porte des lunettes, la lumière va inévitablement se refléter dessus. Cette fois, les reflets n'ont aucun intérêt. Ils risquent même de masquer les yeux. Pour éviter cela, déplacez l'éclairage principal sur le côté jusqu'à ce que plus aucun reflet n'apparaisse dans les lunettes. Toutefois, vérifiez toujours que les reflets ne réapparaissent pas lorsque vous modifiez votre angle de prise de vue. Avec un assistant à vos côtés capable de déplacer rapidement vos sources d'éclairage, le problème des reflets dans les lunettes sera bien vite réglé.*

# Utiliser une charte de gris pour définir ses couleurs

SCOTT KELBY

Si vous envisagez de traiter vos photos dans un programme comme Photoshop ou Photoshop Elements, voici une astuce qui vous permet de corriger vos couleurs avec précision et sans effort. Une fois votre éclairage en place, demandez à votre modèle de tenir une charte de gris. Il s'agit d'un carton montrant quatre tonalités : un gris moyen, un gris clair, un noir et un blanc. Ensuite, prenez la photo en intégrant ces quatre nuances dans le cadre. Une fois cette photo prise, le sujet peut poser la charte de gris, et vous poursuivez votre session de prises de vue dans les mêmes conditions d'éclairage. En fait, une seule photo avec la charte suffit. Dès que vous avez pris toutes vos photos, déchargez-les dans votre ordinateur et ouvrez-les dans Photoshop ou Photoshop Elements. Là, exécutez la commande Niveaux. Dans la boîte de dialogue éponyme, activez la pipette des tons moyens (grise), et cliquez sur la teinte gris moyen de la charte. Ensuite, activez la pipette des tons foncés (noire), et cliquez sur le carré noir de la charte. Terminez avec la pipette des tons clairs (blanche) et cliquez sur le carré blanc. En trois clics, vous avez corrigé la couleur de cette photo. Vous pouvez alors ouvrir n'importe quelle autre photo prise dans les mêmes conditions d'éclairage, et exécuter le raccourci clavier Cmd+Option+L (PC : Ctrl+Alt+L) pour lui appliquer la même correction de la couleur. Vous pouvez également utiliser cette charte pour régler la balance des blancs de vos images RAW. Ouvrez la photo dans Camera Raw ou dans le module Développement de Lightroom. Ensuite, activez l'outil Balance des blancs puis cliquez sur le carré gris clair. Cela suffit à obtenir la balance des blancs correcte. Vous pouvez alors appliquer cette balance des blancs à toutes les photos RAW réalisées lors de la même séance de prises de vue. Il suffit d'effectuer un copier-coller de ce réglage. Énorme gain de temps !

# Ne pas éclairer uniformément son sujet

SCOTT KELBY

L'œil se focalise naturellement sur deux choses lorsqu'il regarde une photo : la partie la plus lumineuse et la plus nette. Gardez toujours cela à l'esprit lorsque vous photographiez en studio ou sur site (même avec un petit flash déporté). Pourquoi ? Parce que, si vous éclairez uniformément votre sujet, vous ne guidez pas l'œil du spectateur sur telle ou telle zone. Ceci est d'autant plus important avec les portraits. Pour obtenir une photo des plus professionnelle, le visage du modèle doit être parfaitement bien éclairé. Cette lumière doit s'estomper progressivement vers le bas du corps. La qualité et la quantité de cet estompement ne dépendent que de vous. Ce qui importe dans ce genre de cliché est que la lumière soit suffisamment précise et intense sur la zone de l'image qui doit attirer l'attention de celui qui regarde la photo. Pour contrôler cet éclairage, vous devez placer vos lumières de manière à ne pas éclairer tout le sujet uniformément. Vous pouvez également utiliser une grille pour distiller la lumière et créer certains points plus clairs que d'autres. Personnellement, j'utilise un drapeau noir de 60 × 90 cm que je place sous l'éclairage. Ainsi, la lumière est principalement concentrée sur le visage de mon sujet. Il est nécessaire non pas de bloquer toute la lumière – sauf si vous désirez que le corps du modèle s'estompe vers le noir total – mais de limiter la quantité de lumière qui tombe sur les autres parties de sa personne. Regardez les portraits de vos photographes préférés. Vous constaterez qu'ils utilisent cette technique d'éclairage pour focaliser l'attention sur des zones précises, mais aussi pour ajouter de l'intensité à leurs images.

# Différence entre éclairage principal et d'appoint

SCOTT KELBY

Lorsque vous travaillez avec plusieurs flashs, vous entendez probablement parler de lumière principale et de lumière d'appoint. Voici de quoi il s'agit : le flash qui produira le plus de lumière pour éclairer votre sujet sera la source d'éclairage principale. C'est aussi simple que cela. Ensuite, tout autre flash qui n'éclairera ni le décor ni les cheveux du sujet et qui sera moins puissant que le flash principal sera l'éclairage d'appoint. Cet éclairage est destiné à ajouter un peu de lumière à votre scène. Imaginez que vous photographiez quelqu'un de profil. L'éclairage latéral ne va malheureusement pas se limiter à ce profil. Il va se diffuser légèrement sur le devant du visage et probablement derrière. Vous obtenez un éclairage en clair-obscur. Mais que faire si le résultat est plus obscur que clair ? Ajoutez un autre flash devant mais en le situant à l'opposé du flash placé de l'autre côté du visage. Attention ! Vous devez impérativement réduire la puissance de ce flash pour ajouter une touche de lumière, c'est-à-dire juste ce qu'il faut pour déboucher les ombres. (Pour apprécier la configuration de l'éclairage de cette photo, visitez la page **www.kelbytraining.com/books/digphotogv3**.) C'est cela, l'éclairage d'appoint. Maintenant, vous connaissez la différence entre ces deux types d'éclairages.

# Éviter la barre noire à l'arrière-plan

SCOTT KELBY

Si vous photographiez en studio, ou avec un flash déporté, et que vous voyiez apparaître une barre ou un dégradé noir dans la partie inférieure ou sur le côté de votre photo, ne vous désespérez pas. Je vais tout vous expliquer : cette imperfection tient au fait que vous photographiez avec une vitesse d'obturation trop rapide pour que l'appareil ait le temps de se synchroniser avec votre flash. En général, la vitesse de synchronisation du flash, c'est-à-dire la vitesse d'obturation maximale permettant cette synchro, est de 1/200 ou de 1/250 de seconde (selon le modèle de votre appareil). Donc, si vous voyez apparaître cette fameuse barre noire, fixez la vitesse d'obturation à 1/250 de seconde au maximum. Il en sera fini de ce désagrément.

*Obturation : 1/2,5 s Ouverture : f/8 ISO : 100 Focale : 31 mm | Photo Scott Kelby*

# 3

# La vérité sur les objectifs

## De l'utilisation avisée des objectifs

Je me pose souvent cette question : « Quel est le prochain objectif que tu vas acheter, mon petit Scott ? » Cela prouve que je suis heureux en ménage ! Vous ne voyez pas le rapport ? Eh bien, si ma vie conjugale connaissait des problèmes, plutôt que m'interroger sur les objectifs à acheter je me demanderais où en est la stabilité de mon mariage. (Enfin, voyons, cela me paraît évident, non ?) Si jamais vous me posez la même question, n'en déduisez surtout pas que j'en conclus que votre relation conjugale est au beau fixe. Je sais trop qu'avoir un photographe comme mari peut être la source de bien des différends, votre femme prétendant que vous lui préférez vos boîtiers à ses objectifs (ses objectifs à elle, pas à son appareil photo numérique, bien entendu !). Pourtant, je crains qu'un jour vous soyez confronté à ce choix cornélien : acheter ce nouveau superobjectif 2.8 ou préserver votre mariage. En effet, dans nos foyers modernes, c'est la femme qui contrôle les finances, et ce n'est jamais elle que nous photographions. Aïe ! Alors, mes amis photographes, sauvez votre mariage et gagnez des objectifs en prime, en disant une chose toute simple à votre épouse : « Chérie, avec un objectif comme celui-ci je pourrais enfin mettre en évidence ta beauté naturelle que mes anciens objectifs auraient dénaturée. » Bon, sur ce coup-là, vous ne vous en sortez pas trop mal… Maintenant, pensez à lui envoyer des fleurs !

# Quand doit-on utiliser un grand-angle ?

SCOTT KELBY

Un grand-angulaire standard a une focale de 24 à 35 mm. Il est idéal pour photographier les paysages, c'est-à-dire une scène dont l'ampleur doit être saisie dans sa totalité. Le grand-angle est également très utilisé pour photographier des portraits dans des environnements spécifiques. Par exemple, si vous faites le portrait d'un pompier, vous utiliserez un grand-angle pour inclure la voiture de pompier dans l'environnement professionnel de cet homme. Si vous ne vous spécialisez pas dans la photo au grand-angle et que vous souhaitiez disposer d'une plus large plage focale, investissez dans un zoom grand-angle de 24-70 mm, par exemple. Sachez qu'il existe aussi des supergrands-angles allant de 12 à 24 mm. Je peux vous promettre que les photos de paysages obtenues avec ces objectifs sont littéralement renversantes.

**Les conseils de Scott**

*Objectif grand-angle AF Nikkor 24 mm f/2.8D Autofocus (environ 400 euros).*

*Objectif grand-angle Canon EF 24 mm f/2.8 Autofocus (environ 400 euros).*

*Objectif Sigma 28 mm f/1.8 (environ 400 euros) [pour Nikon, Canon, et autres].*

# Quand doit-on utiliser un objectif Fisheye ?

©ISTOCKPHOTO/ERICK NGUYEN

En français, *Fisheye* signifie « œil de poisson ». On nomme ainsi cet objectif car il permet d'obtenir une vision presque circulaire de l'environnement photographié. La lentille de l'objectif est bombée comme un œil de poisson. Ce type d'objectif est destiné à des effets très spéciaux. N'en abusez pas, car votre style sera très vite considéré comme daté, et ceci dans le plus mauvais sens du terme. Malgré cela, dans certaines circonstances le fisheye est quasi indispensable et produit des photos fascinantes (au milieu de la foule, placez votre appareil au-dessus de votre tête, et prenez une photo. Vous m'en direz des nouvelles). Les objectifs fisheye déforment la ligne d'horizon. Donc, pour réduire cette déformation, essayez de bien maintenir horizontalement le niveau de l'objectif devant vous. En revanche, pour des effets hallucinants, laissez libre cours à votre imagination ! J'ai utilisé cet objectif pour la première fois au beau milieu d'une foule rassemblée dans un stade. Je l'utilise aussi pour capturer tous les éléments d'une scène, ou bien encore pour photographier la totalité d'un gratte-ciel.

**Les conseils de Scott**

*Fisheye Nikkor AF 10,5 mm f/2.8 (environ 650 euros).*

*Fisheye Canon EF 15 mm f/2.8 (environ 700 euros).*

*Fisheye Sigma 10 mm f/2.8 (environ 650 euros) [pour Nikon, Canon, et autres].*

# Quand doit-on utiliser un zoom ?

Lorsque vous désirez photographier de près un sujet dont vous ne pouvez pas approcher, le zoom s'impose. Il est possible d'utiliser un téléobjectif, c'est-à-dire un zoom dont la focale est fixe, comme un 200 mm. Un zoom présente en revanche une focale variable qui permettra, par exemple, de photographier avec une focale allant de 80 à 300 mm. Un zoom permet de s'approcher d'un sujet sans être obligé de se déplacer. Plus vous zoomez vers l'avant et plus le sujet remplit le cadre ; plus vous zoomez vers l'arrière et plus vous ajoutez d'éléments dans votre prise de vue. J'utilise des zooms pour tous les genres de photos, du portrait à l'événement sportif en passant par les architectures. J'ai utilisé pour la première fois un zoom pour photographier des portraits et des rencontres sportives.

### Un seul objectif dynamise la créativité

*La prochaine fois que vous sentirez monter en vous un besoin créatif imputrescible, ne prenez qu'un seul objectif ! Si vous emportez un zoom, imposez-vous une seule position : soit le grand-angle, soit le zoom maximal. Un seul objectif oblige à réfléchir à chaque prise de vue, donc à être plus créatif ; CQFD !*

# Quand doit-on utiliser des objectifs ultrarapides ?

Pour photographier sur site sans utiliser de flash, comme vous y serez obligé dans les églises, les musées, les théâtres, mais aussi dans tous les lieux où il est interdit d'installer un trépied, vous devrez utiliser un objectif ultrarapide. Il s'agit d'un objectif présentant une valeur f-stop extrêmement basse, c'est-à-dire qui ouvre considérablement le diaphragme, comme f/1.8, voire, encore mieux, f/1.4. Comme chacun sait, plus vous ouvrez et plus vous pouvez photographier dans des conditions d'éclairage extrêmes. Sans ce type d'objectif, la seule solution que vous avez est de réduire la vitesse d'obturation. Dans ce cas, l'appareil doit impérativement être fixé sur un trépied sous peine d'introduire un flou de bouger dans vos images. Il faut savoir qu'à partir d'une vitesse d'obturation de 1/60 de seconde, ce risque existe. Si vous équipez votre appareil d'un objectif ultrarapide f/1.8 ou f/1.4, vous pourrez photographier appareil au poing dans des lieux très sombres avec une vitesse d'obturation suffisamment rapide pour ne pas produire de flou de bouger. J'ai utilisé pour la première fois ce type d'objectif lors d'un mariage.

**Pour des photos supernettes**

*Voici une astuce utilisée par des pros pour obtenir des photos bien nettes prises appareil au poing. Il s'agit d'inspirer profondément, puis de bloquer sa respiration afin que le corps soit totalement immobile. Il n'y a plus qu'à prendre la photo.*

# Quand doit-on utiliser un objectif supergrand-angle ?

Bien que ce type d'objectif puisse être utilisé pour la majorité des prises de vue, c'est un objectif né pour le paysage. Ces objectifs peuvent disposer d'une focale de 12 mm. Toutefois, mon préféré est un objectif 14-24 mm f/2.8. Si vous possédez un reflex numérique 24 × 36 et que vous utilisiez un ultragrand-angle (comme un Nikkor 14-24 mm f/2.8), il enregistrera une image bien plus grande que si vous utilisez ce même objectif sur un reflex dont le capteur est de 4:3. (Consultez la page 72 pour plus d'informations sur ces deux types de capteurs.) J'ai utilisé pour la première fois cet objectif pour photographier des paysages.

# Quand doit-on utiliser un supertéléobjectif ?

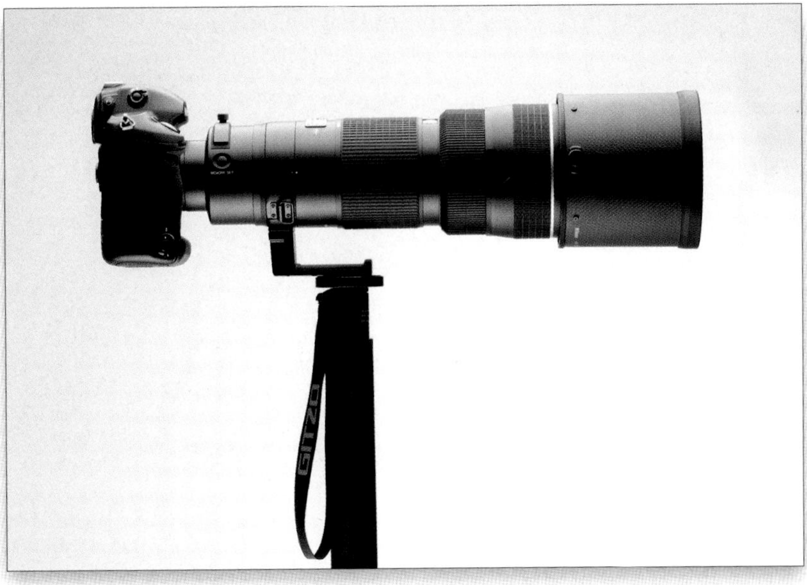


Les supertéléobjectifs sont destinés à obtenir des clichés qui semblent avoir été pris de très près alors que vous étiez éloigné du sujet. Pour ce type d'objectif, la focale s'étend de 300 à 600 mm, et parfois plus. Ils sont principalement utilisés pour les événements sportifs et les photos animalières. Il existe des supertéléobjectifs à focale fixe comme le Canon 400 mm f/5.6, mais aussi des superzooms comme le Nikkor 200-400 mm f/4, que j'utilise régulièrement. Si vous désirez un téléobjectif ou un zoom capable de photographier dans des conditions d'éclairage assez faibles (ouverture f/4 ou f/2.8), il va falloir faire un emprunt. Par exemple, l'objectif Canon 500 mm f/4 coûte aux environs de 6 000 euros. En règle générale, lorsque vous photographiez des événements sportifs en plein milieu de l'après-midi, optez pour un téléobjectif zoom Canon EF 100-400 mm f/4.5-5.6, qui coûte environ 1 500 euros. Si vous investissez dans un tel objectif, vous serez obligé d'acheter un très bon monopied car votre ensemble photographique va peser très lourd. Le monopied se visse dans le filetage prévu à cet effet sur le support de l'objectif. J'ai utilisé ce type d'objectif pour la première fois lors d'une rencontre sportive.

# Utiliser un téléconvertisseur pour y voir d'encore plus près

Dans le Volume 1 de ce livre, j'ai très rapidement parlé des téléconvertisseurs. Cet accessoire est pratique et bon marché pour vous « tenir » plus près de l'action photographiée. Un téléconvertisseur applique un facteur de grossissement à votre objectif. Ce facteur est de 1,4×, 1,7×, et même 2,0×. Plus la valeur est élevée, plus le grossissement est important. Toutefois, je conseille de vous limiter à un téléconvertisseur dont le facteur multiplicateur est de 1,4× pour ne pas détériorer la qualité de votre image. Tant que vous achetez un téléconvertisseur de qualité, comme un Nikon ou un Canon, le seul effet dommageable que vous rencontrerez consiste en une perte d'environ un diaph de luminosité lorsque le facteur multiplicateur est de 1,4×. Donc, si l'ouverture la plus grande de votre objectif est de f/2,8, l'ajout d'un téléconvertisseur la fait passer à f/4. C'est un problème uniquement lorsque vous photographiez dans des conditions lumineuses difficiles. Dans ce cas, vous risquez d'introduire des flous de bouger ou de mouvement, ou d'obtenir globalement des images beaucoup moins nettes. C'est en photographiant la vie sauvage ou des événements sportifs que j'ai utilisé un téléconvertisseur pour la première fois.

**Les téléconvertisseurs ne s'adaptent pas à tous les objectifs**

*Avant d'investir dans un téléconvertisseur, vérifiez qu'il est adapté à votre objectif. Le descriptif du téléconvertisseur donne la liste des objectifs compatibles.*

# Objectifs à système VR ou IS intégré

*Nikon*

*Canon*

Les fabricants d'objectifs savent que, dans la plupart des cas, les photographes utilisent leur appareil au poing. De ce fait, il leur devient difficile de réussir des prises de vue sous des conditions d'éclairage trop faibles. Nikon a mis au point un système de stabilisation des images qu'il nomme VR. VR est l'acronyme de *Vibration Reduction*, c'est-à-dire réduction des vibrations. De son côté, Canon a développé un système identique qu'il nomme IS pour *Image Stabilization* (stabilisation de l'image). Ces deux systèmes produisent un résultat identique : compenser le bouger de l'appareil afin d'obtenir des images nettes. Cela autorise des prises de vue avec une vitesse d'obturation relativement faible. Bien entendu, lorsque vous utilisez une vitesse d'obturation rapide, les systèmes VR et IS n'ont aucune utilité. Avec ces stabilisateurs d'images, vous pouvez très facilement photographier dans des églises, des musées et des théâtres, c'est-à-dire des lieux où l'éclairage est très intimiste. Généralement, vous ne trouvez pas cette fonction de stabilisation sur des objectifs rapides ouvrant à f/1.8 ou f/1.4. Une dernière chose : si vous photographiez sur trépied, désactivez la fonction VR ou IS en poussant le commutateur on/off situé sur l'objectif. Le paradoxe de cette technologie est de rechercher des mouvements même quand il n'y en a pas, ce qui en introduit quelques-uns de manière totalement artificielle.

## Utiliser la fonction Active VR de Nikon

*Si vous photographiez avec un Nikon, votre objectif VR dispose certainement d'un réglage nommé Active. Utilisez-le lorsque vous photographiez depuis un élément mobile comme un bateau ou une voiture en déplacement, et bien d'autres circonstances de ce type, évidemment.*

# Appliquer des filtres sur vos objectifs

Il existe des centaines de filtres différents que vous pouvez visser devant votre objectif. Ils corrigent certains problèmes qui empêchent votre appareil d'exposer correctement vos photos. Ils sont également destinés à créer des effets spéciaux. Personnellement, je n'utilise que trois filtres sachant que je détourne un peu l'usage de l'un d'entre eux. Voici de quoi il s'agit :

(1) **Un filtre gris neutre dégradé.** C'est le filtre privilégié par les photographes de paysages. Il corrige un problème d'exposition assez classique dans ce genre de cliché, c'est-à-dire l'impossibilité d'exposer correctement la terre et le ciel. Il faut faire un choix. Or si vous exposez pour le ciel la terre sera trop sombre, et si vous exposez pour la terre le ciel sera trop clair. Le filtre gris neutre dégradé permet d'équilibrer ces deux zones. Ainsi, l'exposition sera correcte sur la terre comme au ciel (« tête en l'air, amoureux… » pour ceux qui connaissent Jacques Higelin !). Vous en saurez davantage sur ce filtre au Chapitre 5.

(2) **Un filtre polarisant circulaire.** Voici un autre filtre idéal pour les photos de paysages. Il est conçu pour réduire les reflets d'éléments comme l'eau des lacs et des rivières, mais aussi pour assombrir le ciel. Cela revient à mettre une paire de lunettes de soleil sur votre objectif. Le monde paraît beaucoup moins lumineux.

(3) **Un filtre UV.** Techniquement, ce filtre élimine les ultraviolets, dommageables à vos prises de vue. Toutefois, la majorité des photographes l'utilise pour protéger l'optique de l'objectif contre les rayures. Ce type de filtre est bon marché. Par conséquent, il est moins grave d'en rayer ou d'en casser un que de rayer ou de casser l'optique de l'objectif. J'utilise un filtre UV sur chacun de mes objectifs.

# Le pare-soleil

Un pare-soleil n'est pas uniquement destiné à vous faire passer pour un professionnel. Cet accessoire évite que des halos apparaissent sur l'objectif, donc sur la photo, à cause du soleil ou de l'éclair d'un flash. Aujourd'hui, les objectifs haut de gamme sont souvent livrés avec un pare-soleil spécialement étudié pour eux. L'autre fonction du pare-soleil, plus terre à terre, consiste à protéger votre objectif contre les rayures ou la casse. Lorsque je porte mon appareil en bandoulière, je ne saurais compter le nombre de fois où j'ai cogné l'objectif contre une chaise, un coin de table, et même le mur à l'angle d'une rue. Heureusement que j'avais le pare-soleil pour encaisser les coups à la place de l'objectif ! Je laisse toujours le pare-soleil sur l'objectif.

# Quand doit-on utiliser un objectif macro ?

Voici l'objectif que vous devez utiliser pour photographier le monde de l'infiniment petit. À vous les très gros plans d'abeilles, de fleurs ou de mantes religieuses. Les objectifs macro ne savent faire qu'une seule chose, mais Dieu qu'ils la font bien ! Voici quelques petites choses à savoir sur les objectifs macro :

(1) Leur profondeur de champ est extrêmement réduite. Si réduite qu'il est possible de photographier nettement le pétale qui se trouve le plus près de l'objectif et de rendre flou le pétale situé juste à l'opposé. La faible profondeur de champ est l'une des caractéristiques que je préfère sur ce type d'objectif. Toutefois, vous pouvez essayer de rendre plus d'éléments nets dans votre prise de vue en macro. Pour cela, fermez à f/22 afin d'obtenir un maximum de netteté. Ensuite, essayez de maintenir votre objectif à l'horizontal sans lui imprimer le moindre angle. Ceci donnera plus de profondeur de champ à votre prise de vue.

(2) Le moindre mouvement, la plus petite vibration engendrera un flou. Pour cette raison, il est impératif d'effectuer vos prises de vue macro en installant l'appareil sur un trépied. Utilisez un déclencheur souple pour obturer, ou bien la télécommande de votre appareil. Ne touchez jamais le boîtier de votre appareil ! (Pour plus d'informations sur les déclencheurs souples, reportez-vous au Volume 1).

# Les objectifs à décentrement et inclinaison

Ce type d'objectif a été spécialement créé pour photographier les architectures. En effet, la partie décentrement évite de déformer le sommet des bâtiments. Le problème des objectifs spécialisés est qu'ils sont très coûteux.

## Vérifier la taille du filtre que l'on achète

*Lorsque vous achetez un filtre, veillez à ce que son diamètre corresponde bien à celui du pas de vis de votre objectif. Par exemple, mon objectif 18-200 mm accepte des filtres de 72 mm, tandis que mon objectif 70-200 mm n'est compatible qu'avec des filtres de 77 mm. Pour trouver la bonne taille de filtres, je vous conseille le site B&H Photo, dont l'adresse est* **www.bhphotovideo.com**. *Localisez-y votre objectif et vous y trouverez une liste de filtres compatibles. Cependant, si vous achetez un filtre que vous désirez utiliser sur un objectif dont la taille est légèrement différente, vous devrez investir dans une bague d'adaptation.*

# Nettoyer son objectif

Vos objectifs se salissent. De la poussière, des traces de doigt et autres taches peuvent apparaître sur vos photos. Il est donc nécessaire de nettoyer vos objectifs avant de commencer une séance de prise de vue. Idem chaque fois que l'inspection de l'optique montre des traces sur le verre risquant de se reproduire sur l'image. La plupart du temps, un chiffon doux spécial objectif suffit à nettoyer correctement la surface en verre. Toutefois, il est préférable de commencer par souffler les poussières qui s'agglutinent à la surface de l'objectif. Vous pouvez y procéder en soufflant avec votre bouche, ou bien en utilisant un petit accessoire appelé soufflette. Une fois ces petites particules éliminées, passez au nettoyage proprement dit. Glissez doucement le chiffon doux de manière circulaire. Vous pouvez également acheter un kit de nettoyage pour objectif dont les premiers prix se situent aux alentours de 15 euros.

### Les longs objectifs disposent souvent d'un collier

*Les objectifs longs sont généralement fournis avec un collier spécial qui permet de les fixer sur un monopod. Vous pouvez profiter de ce support de superbe manière : dévissez l'une de ses attaches pour pouvoir pivoter verticalement votre appareil photo dans un temps record. Il ne faut alors pas plus de 2 secondes pour passer d'un mode paysage à un mode portrait.*

# Quand doit-on utiliser la bague de mise au point manuelle ?

La majorité des objectifs permet de désactiver la fonction de mise au point automatique. Toutefois, les objectifs modernes autorisent une mise au point automatique dont la désactivation se fait dès que vous tournez manuellement la bague de mise au point. Malgré cette fonctionnalité très intéressante, vous remarquez que de nombreux photographes s'en remettent à la mise au point automatique pour prendre leurs photographies. Je rappelle que la mise au point automatique est plus connue sous le nom d'« autofocus ». Si vous souhaitez effectuer une mise au point manuelle, commencez par réaliser une mise au point automatique. Ensuite, verrouillez-la sur le sujet. Ce n'est qu'à ce moment précis que vous tournerez la bague de mise au point manuelle.

## Acheter un objectif ultrarapide pour travailler en studio

*Au fil des années, j'ai rencontré de nombreux photographes qui ont dépensé beaucoup d'argent dans des objectifs vraiment très rapides (comme f/2.8 et f/4 – sachant que plus un objectif est rapide, plus il est cher). Ces photographes utilisent leurs objectifs rapides en studio. Ceci peut paraître étrange dans la mesure où ils achètent très cher des objectifs qu'ils vont utiliser dans des conditions d'éclairage tout à fait normales. En effet, il est très rare d'ouvrir à 2.8 ou à 4 lorsque l'on travaille en studio. Pourquoi ? Parce que, dès que la lumière fait défaut, il suffit d'augmenter la puissance des éclairages. Voici la morale de cette histoire : lorsque vous ne photographiez pas dans des conditions d'éclairage extrêmes, inutile de dépenser votre argent dans des objectifs ultrarapides. Consacrez votre budget à des accessoires et à du matériel.*

# Facteur multiplicateur et 24 × 36

*Facteur multiplicateur*

*24 × 36*

Vous savez probablement que les appareils photo numériques y compris les reflex numériques intègrent ce que l'on appelle un facteur de zoom ou facteur multiplicateur. Cela signifie que la valeur de la focale exprimée en millimètres sur un appareil photo numérique ne correspond pas du tout à celle d'un appareil photo argentique. Par exemple, si vous équipez un appareil photo numérique avec un objectif standard de 85 mm, vous ne disposerez pas d'une focale de 85 mm. Sur les appareils Nikon, le facteur multiplicateur de la focale est de 1,5. Par conséquent, un objectif de 85 mm donne une focale de 127 mm. Sur les appareils Canon, ce facteur multiplicateur est de 1,6. Ainsi, notre objectif de 85 mm correspond à un objectif de 135 mm. De ce fait, les photographes qui passent de l'argentique au numérique sont un petit peu déboussolés. Pourquoi ? Tout simplement parce que pour eux un objectif de 85 mm est un objectif de 85 mm. En argentique, il n'y a pas de facteur multiplicateur. Mais il existe une solution, qui consiste à investir dans un appareil reflex numérique 24 × 36. Dans ce cas, un objectif de 85 mm aura bel et bien une focale de 85 mm. Cette fois, pas de mensonge, l'objectif est réellement ce qu'il prétend être. Tout irait pour le mieux dans le meilleur des mondes s'il n'y avait pas un tout petit problème. En effet, si vous équipez votre reflex numérique 24 × 36 avec un objectif conçu pour les appareils argentiques, vous ne bénéficierez pas de la focale indiquée. Donc, pour ne pas être confronté au problème du facteur multiplicateur d'un reflex numérique, vous devez l'équiper avec des objectifs spécialement conçus pour ce type de matériel. Ceci étant dit, il existe un certain nombre d'objectifs très coûteux qui conservent une focale identique que ce soit sur un appareil photo numérique ou sur un appareil photo argentique. Comment les connaître ? Vous trouverez une liste Nikon et Canon sur la page **www.kelbytraining.com/books/digphotogv3**.

# Vignettage de l'objectif et comment le supprimer

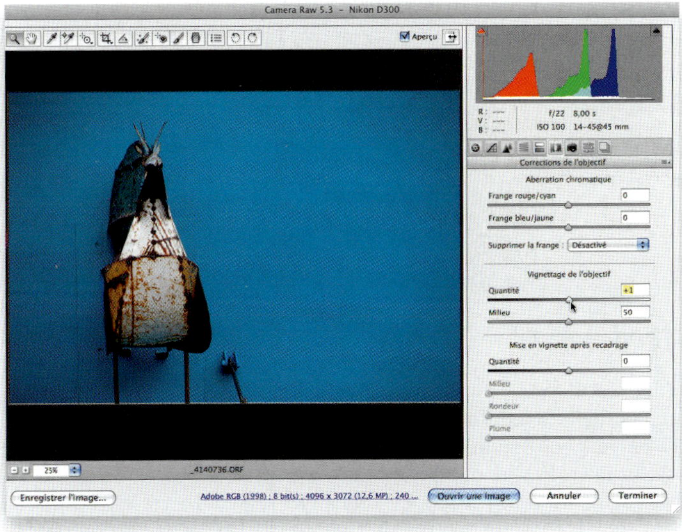


Parfois, lorsque vous ouvrez une photographie dans un logiciel de retouche d'images, vous constatez que les angles de la photo sont plus sombres que le reste de son contenu. C'est un problème très commun notamment lorsque vous utilisez des objectifs grand-angle ou des objectifs bon marché. Ce défaut porte un nom : « vignettage ». Que se passe-t-il en réalité ? Nous pourrions dire que d'une certaine manière l'objectif se photographie lui-même. Heureusement, vous pouvez supprimer ces angles sombres dans la plupart des logiciels de retouche d'images comme Photoshop, Photoshop Lightroom, Photoshop Elements, etc. Par exemple, si vous ouvrez votre image dans Photoshop Camera Raw et que vous cliquiez sur l'onglet Corrections de l'objectif, il vous suffit d'intervenir sur les paramètres de la section Vignettage de l'objectif. Faites glisser le curseur Quantité vers la droite de manière à éclaircir les angles. Le paramètre Milieu situé juste en dessous définit la portée de cet éclaircissement. Si vous souhaitez le limiter aux angles, faites glisser ce curseur vers la gauche. En revanche, si le problème du vignettage s'étend vers le centre de l'image, faites glisser le curseur Milieu vers la droite. En quelques secondes le problème du vignettage est réglé. Si vous utilisez Lightroom, vous disposez des mêmes paramètres. Ils sont localisés dans le module Développement. Faites défiler le contenu du volet jusqu'à afficher les paramètres du panneau Vignettes. L'ensemble de ces explications vous semble confus ? Pas de panique si vous comprenez un tant soit peu l'anglais. J'ai concocté pour vous sur le vignettage et sa suppression une petite vidéo que vous pouvez consulter à l'adresse suivante : **www.kelbytraining.com/books/digphotogv3**.

# Pourquoi certains objectifs affichent-ils deux valeurs f/stop (comme f/3.5-5.6) ?

Il est fréquent que sur un objectif zoom vous voyiez deux valeurs f/stop. Ces valeurs correspondent à l'ouverture du diaphragme en fonction de la valeur focale la plus faible et la plus élevée. Prenons un objectif 18-200 mm. Sur cet objectif vous voyez les valeurs f/3.5 et f/5.6. Cela signifie qu'en position 18 mm l'ouverture maximale du diaphragme sera de 3,5. Vous en concluez qu'à 200 mm l'ouverture maximale sera de 5,6. Bien entendu, si vous réglez le zoom sur une valeur intermédiaire comme 100 mm, vous pourrez peut-être ouvrir à f/4. Ceci vous enseigne deux choses. (1) Si vous photographiez au grand-angle, c'est-à-dire au 18 mm, vous pouvez photographier dans des situations où l'éclairage est relativement faible. Si dans ce lieu vous zoomez à 200 mm, la valeur passe de 3,5 à 5,6. C'est-à-dire que le diaphragme va être beaucoup plus fermé. Dans ce cas, l'image sera plus sombre. Vous serez obligé de compenser par une vitesse d'obturation plus lente. Cela nécessitera de bien stabiliser l'appareil photo pour ne pas produire une image floue. (2) De tels objectifs sont relativement bon marché. En effet, les objectifs qui gardent une ouverture constante quelle que soit la focale utilisée coûtent excessivement cher. C'est le cas des objectifs Nikon 70-200 f/2.8 VR, qui permettent d'ouvrir à 2,8 que ce soit en position 70 ou 200 mm.

### Lorsque l'on a besoin d'obtenir une mise au point très rapide, activer la fonction de limite de la netteté

*Chaque fois que vous utilisez l'autofocus, votre objectif analyse tout ce qu'il voit. Cela entend les objets qui se trouvent à quelques centimètres de vous, mais aussi des éléments qui se trouvent à des centaines de mètres. Ensuite, il fait la mise au point sur ce qu'il croit être le sujet que vous désirez photographier nettement. Ceci ne prend que 1 ou 2 secondes. Mais, dans certaines circonstances, ce laps de temps est trop long. Il est possible d'activer une fonction demandant à l'autofocus de faire le point en prenant globalement en compte tout ce qui se trouve dans le cadre. Ainsi, la mise au point est beaucoup plus rapide, ce qui permet de ne manquer aucun instant furtif.*

# Conseils pour changer d'objectif

Si vous possédez plusieurs objectifs, vous en changerez probablement pendant vos sessions de prise de vue. Voici quelques conseils à ce sujet. Tout d'abord, il n'est pas nécessaire d'éteindre votre appareil photo pour changer d'objectif. Je ne connais aucun professionnel qui éteint son appareil pour effectuer cette opération, et ceci malgré tout ce que vous pouvez lire sur les dangers que cela représente pour le capteur. Lorsque vous changez votre objectif, dirigez le boîtier vers le bas pour éviter la pénétration de poussières susceptibles de se coller sur le capteur. Si vous travaillez dans un lieu poussiéreux ou excessivement venteux, ne changez pas d'objectif. Attendez de vous trouver dans une zone plus propre. L'idéal est de ne pas laisser trop longtemps le boîtier de votre appareil photo sans objectif. Vous devez être très réactif. Retirez l'objectif qui est en place, et fixez immédiatement celui que vous souhaitez utiliser. L'opération ne doit prendre que quelques secondes.

## Que faire si l'autofocus cesse brutalement de fonctionner ?

*Commencez par vérifier que l'autofocus n'a pas été désactivé par inadvertance sur l'objectif. Si ce n'est pas le cas, essayez ceci : retirez l'objectif puis remettez-le bien en place. Cette manipulation suffit parfois à réactiver l'autofocus.*

# Quand doit-on utiliser un zoom « transstandard » ?

Les objectifs Nikon et Canon les plus populaires sont des zooms de 18-200 mm. Pourquoi ? Parce qu'ils permettent de tout faire ! Ils sont capables de prendre de magnifiques clichés au grand-angle mais aussi de bien belles photos en mode téléobjectif. Le grand avantage est que vous n'avez pas besoin de changer d'objectif. De plus, ils sont très compacts, légers, et relativement bon marché comparés à certains zooms présentant une plage focale beaucoup plus petite. Ces objectifs sont idéaux pour les photographies réalisées en voyage, car ils prennent très peu de place dans la sacoche de votre appareil photo. Ils permettent également de photographier facilement quand vous êtes en balade, lorsque vous déambulez dans une ville, et même lorsque vous souhaitez photographier des paysages en installant votre appareil sur un trépied. Dans certains forums, vous entendrez dire que ces objectifs ne permettent pas d'obtenir un très haut niveau de netteté. Ne tombez pas dans ces polémiques de bas étage. Je vais vous dire une chose très simple : un photographe qui prétend qu'il a raté une photo parce qu'il n'avait pas le bon objectif n'est pas un bon photographe. C'est en vacances que j'ai utilisé pour la première fois ce type d'objectif.

# Quand doit-on utiliser un objectif Lensbaby ?

Avant de vous parler en détail de ce type d'objectif, je tiens à vous préciser qu'une majorité de photographes qui, un jour, ont installé un Lensbaby sur leur boîtier ne l'ont jamais retiré. Ils l'utilisent pour photographier absolument tout, de l'anniversaire de leurs enfants au lancement de la navette spatiale. Le Lensbaby peut créer une véritable addiction. Voyons de quoi il s'agit : les objectifs Lensbaby limitent la netteté sur une petite zone de votre cadrage. *De facto*, les autres zones de l'image sont floues. Il en résulte une photo très dynamique, avec des mouvements et, dans un certain sens, beaucoup d'animation. C'est en voulant créer une photo artistique que j'ai utilisé cet objectif pour la première fois.

# Quel est le meilleur objectif pour les portraits ?

On se réfère à certains objectifs comme étant des objectifs pour le portrait. Quelques utilisateurs parlent même d'objectif portrait. Quels sont les spécificités d'un objectif qui semble davantage se destiner au portrait qu'à autre chose ? Généralement, un objectif dédié aux portraits devrait présenter une focale fixe se situant entre 85 et 105 mm. Toutefois, cela pose un problème : revenons à la page 72. Je vous ai dit qu'il existait deux types d'appareils photo numériques. Ceux auxquels s'applique un facteur multiplicateur et ceux qui correspondent à un 24 × 36 argentique. Donc, pour certains appareils photo, une focale fixe de 85 mm correspondra en fait à une focale de 120 mm. Or, dans le Volume 2 de ce livre, j'ai insisté sur le fait que les meilleurs portraits sont toujours obtenus avec des objectifs dont la longueur focale est importante. Cela s'explique par la compression générée par ces objectifs, compression qui met en valeur les visages. Pour cette raison, de nombreux photographes spécialisés dans la mode et les portraits utilisent des objectifs de 70-200 mm qu'ils règlent généralement en position 200 mm. J'ai déjà photographié des portraits avec des objectifs de 85 mm installés sur des appareils photo 24 × 36. Or j'ai trouvé que le résultat était bien moins intéressant que ce même objectif installé sur un appareil photo numérique standard, c'est-à-dire bénéficiant d'un facteur multiplicateur qui porte la plage focale à 120 mm. Si vous utilisez un zoom téléobjectif, vous pouvez tester ces deux focales. À mon avis, il n'est pas nécessaire d'investir dans un objectif prétendument spécialisé dans le portrait. Aujourd'hui, les zooms font un travail absolument magnifique dès lors que vous photographiez des visages avec une focale d'au moins 100 mm.

# Objectifs à focale fixe et zooms

Vous devez être conscient que les objectifs intéressent des personnes aux connaissances techniques avancées, et qu'ils donnent lieu à des débats passionnés sur divers forums du Net. Certaines personnes font preuve de condescendance à propos des objectifs à utiliser et de ceux à ne pas utiliser. Une des discussions les plus animées concerne les objectifs à focale fixe ou à focale variable (zooms). Beaucoup prétendent que les objectifs à focale fixe ont un niveau de netteté supérieur aux objectifs zooms. Sincèrement, je pense que c'était le cas uniquement par le passé. En effet, les objectifs zooms étaient de moins bonne qualité, et les objectifs à focale fixe étaient bien plus nets. Aujourd'hui, je pense que la donne a changé. Les objectifs zooms haut de gamme comme ceux qui ouvrent à f/2.8 sont excellents. Et je défie quiconque de me dire, à l'œil nu, que telle ou telle photo a été prise avec une focale fixe ou variable. J'ai personnellement discuté avec des fabricants d'objectifs. Ils m'ont affirmé qu'il n'y avait plus de différence de netteté visible entre les zooms et les objectifs à focale fixe. Ceci étant dit, je possède tout de même deux objectifs à focale fixe. Ils sont tous deux très nets, mais mes meilleurs zooms aussi. Pour conclure, il n'y a vraiment pas de quoi se fâcher avec vos amis. Après tout, il ne s'agit que d'objectifs !

# Photographier à la valeur d'ouverture la plus nette

J'en ai déjà parlé dans le Volume 1 de ce livre. Toutefois, même dans une nouvelle édition, il paraît difficile d'éluder le sujet de la netteté lorsque l'on traite des objectifs. Brièvement, je dirais que chaque objectif produit des images plus nettes à une ouverture particulière. Cette ouverture se situe généralement deux diaphs au-dessus de l'ouverture la plus importante. Par exemple, si vous disposez d'un objectif f/2.8, le meilleur niveau de netteté sera obtenu deux diaphs au-dessus, c'est-à-dire à f/5.6 (diaph davantage fermé).

Parole de pro

*Lorsque vous entendez parler d'objectifs à « grande ouverture », cela signifie que la valeur f/stop la plus faible est de f/2.8 ou de f/4.*

# Mon ami possède cet objectif et il l'utilise !

Cela vous arrivera un jour ou l'autre. Vous entendrez un de vos amis, bon photographe s'il en est, vous dire qu'il utilise un objectif fisheye pour les portraits, ou bien un super-téléobjectif de 400 mm pour photographier des bébés. Alors, vous vous apprêtez à lui dire : « Scott affirme que les fisheyes ne sont pas destinés aux portraits, et que tu devrais utiliser un objectif portrait pour immortaliser ces bébés ! » Voici l'attitude à adopter : si vous achetez l'un de ces objectifs, essayez-le pour tous vos types de prises de vue. Vous serez parfois agréablement surpris du résultat obtenu avec votre objectif qui, *a priori*, n'est pas destiné à ce genre de clichés. Il n'y a rien de mal à cela, croyez-moi ! Votre objectif à décentrement va devenir l'objectif de vos réalisations les plus personnelles. Tout ce qui m'intéresse dans ce chapitre est de vous faire comprendre à quoi sert chaque type d'objectif. Toutefois, n'oubliez jamais que la photo est l'acte qui consiste à viser et à appuyer sur un déclencheur quel que soit l'objectif que vous choisissez. Ne vous sentez jamais pris en défaut. Détourner la fonction d'un objectif pour laquelle il a été créé porte un nom : création ! Expérimentez, prenez du plaisir, ne pensez qu'à une seule chose : déclencher !

*Obturation : 1/1000 s    Ouverture : f/4    ISO : 200    Focale : 50 mm  |  Photo Scott Kelby*

# 4

# Photographier des objets comme un pro

## Photographier comme on aurait toujours souhaité le faire

La lecture du titre de ce chapitre peut vous rendre circonspect. En effet, pourquoi auriez-vous besoin de faire de magnifiques photos de quelconques objets ou produits ? Une des raisons les plus objectives est celle qui consiste à photographier des objets pour les vendre sur eBay. Vous pourriez alors me rétorquer : « Je n'ai pas l'intention de vendre quoi que ce soit sur eBay ! » Il me faut attirer votre attention sur la vie extrêmement complexe d'un photographe. Prenons une hypothèse traditionnelle dans ce domaine particulier : ce livre n'a pas été écrit pour vous inciter à acheter du nouveau matériel. La chose est entendue. Toutefois, plus votre expérience photographique augmentera, plus vous aurez envie d'obtenir des photos de qualité professionnelle. En conclusion, vous devrez acheter du matériel supplémentaire. Ce matériel n'est pas forcément cher. Mais il remplacera très souvent un appareil que vous utilisiez régulièrement. Par exemple, si vous achetez un kit d'appareil photo numérique, c'est-à-dire un boîtier livré avec un objectif, et que par la suite vous lisiez le chapitre consacré aux objectifs, vous allez inévitablement découvrir un matériel bien plus performant que celui livré avec le kit en question. Que faire ? L'objectif d'origine vous convient parfaitement. Mais allez-vous encore l'utiliser si vous investissez dans un objectif plus performant ? Pas si sûr ! Donc, pour faire rentrer un peu d'argent sur votre compte en banque, vous allez envisager de revendre votre ancien matériel. Dans ce cas-là, le site eBay se révèle être un lieu de prédilection. Vous voyez que, un jour ou l'autre, vous serez amené à photographier des objets. Donc, la lecture de ce chapitre est totalement indispensable. (Qu'est-ce qu'il est fort, ce Scott Kelby !)

# Comment créer un reflet naturel

Les photographes professionnels spécialisés dans la prise de vue de produits destinés à la vente font généralement apparaître un reflet à la base de l'objet photographié. Bien qu'il soit possible de l'ajouter artificiellement dans Photoshop, sachez qu'il est très facile de créer ce reflet naturellement, c'est-à-dire au moment de la prise de vue. La méthode la plus simple consiste à poser l'objet sur une surface en plexiglas. Vous en trouverez dans des magasins spécialisés pour la modique somme de 15 euros. L'intérêt du plexiglas est qu'il peut servir à toutes sortes de produits ou de types de prises de vue. Vous en verrez quelques exemples dans les pages qui suivent, ainsi qu'au Chapitre 10. Pour voir un dispositif de prise de vue utilisant un plexiglas, reportez-vous à la page 86.

## Simuler des reflets dans Adobe Photoshop

*Voici comment procéder : commencez par créer une sélection autour de votre objet. Ensuite, appuyez sur Cmd+J (Ctrl+J) pour isoler le contenu de la sélection sur son propre calque. En d'autres termes, une copie de l'objet se retrouve sur un fond transparent. Ouvrez alors le menu Édition, et cliquez sur Transformation. Dans le sous-menu qui apparaît, exécutez la commande Symétrie axe vertical. Cette opération renverse l'objet. Maintenez la touche Maj enfoncée, et faites glisser linéairement l'objet vers le bas jusqu'à ce que la base de la copie soit en contact avec la base de l'image d'origine. Accédez alors au panneau Calques, et fixez l'opacité de ce calque à 20 %. Ce n'est pas plus compliqué que cela !*

# Utiliser des miroirs pour améliorer l'éclairage

Lorsque vous photographiez des objets, il est important de vérifier qu'ils sont parfaitement éclairés. C'est un exercice parfois très difficile à réaliser. Pour cette raison, vous allez adorer cette astuce : achetez quelques petits miroirs de maquillage. Placez-en deux en dehors de votre cadre et dirigez-les directement sur la zone que vous souhaitez éclairer. Ces deux miroirs vont refléter la lumière de votre studio. Ce jeu de miroirs va permettre de diriger précisément le rayon lumineux qui résulte de cette configuration particulière. La première fois que vous verrez cette mise en place de l'éclairage, vous en serez totalement abasourdi. Si vous photographiez au flash, la technique est un peu plus compliquée. Commencez par allumer la lampe pilote de votre flash. Ensuite, dirigez cet éclairage vers les miroirs. Vous devez faire alors un petit effort d'imagination. Il consiste à comprendre que, lorsque vous déclencherez votre flash, la quantité de lumière qui va se déposer dans les zones sombres sera bien plus claire que ce que vous montre la lampe pilote. Le grand intérêt de ces miroirs est d'être bon marché, légers, et suffisamment petits pour prendre place dans la sacoche de votre appareil photo ou dans la mallette des éclairages.

## Acheter de petits miroirs

*N'achetez pas de grands miroirs. Limitez-vous à des miroirs de 10 cm de diamètre. Si vous choisissez un miroir avec une face grossissante, vous pourrez obtenir deux types d'éclairages différents.*

# Éclairer par le dessous

Une technique très populaire dans l'univers de la photographie des objets, notamment à des fins publicitaires, consiste à placer la source d'éclairage sur l'objet à photographier. Cette technique est très utilisée lorsque l'on photographie des objets en verre, comme des bouteilles. Se pose alors une question évidente : comment parvenir à faire passer la lumière à travers le support sur lequel la bouteille est posée. La réponse est très simple : le plexiglas ! Vous ne poserez pas votre objet sur une table blanche ou tout autre support de ce type. Au lieu de cela, vous placerez une plaque de plexiglas sur deux tréteaux. Bien entendu, vous devez utiliser une plaque de plexiglas suffisamment épaisse pour que l'ensemble de votre dispositif soit bien stable. Ensuite, placez la lumière directement sous le plexiglas, et dirigez-la vers le haut.

### Concentrer l'éclairage placé sous l'objet

*Lorsque vous configurez un éclairage dirigé verticalement vers le haut, il ne faut pas que la lumière s'étale de tous les côtés. Il est donc nécessaire de la concentrer. L'une des solutions consiste à fixer une grille (voir page 39) sur la lampe de manière à focaliser le rayon lumineux sur l'objet. Toutefois, un grand nombre de photographes utilisent des coupe-flux qui sont placés sur les quatre côtés de la source d'éclairage. Ainsi, le rayon lumineux reste totalement concentré sur l'objet photographié.*

# L'avantage de photographier sous une tente

Les systèmes d'éclairage basés sur une tente pour photographier les produits sont devenus particulièrement populaires. Ils permettent de distribuer uniformément une lumière douce tout autour de l'objet. *Exit* les ombres inesthétiques. Voici comment fonctionne une tente : vous placez un éclairage de chaque côté de la tente en question. Bien entendu, l'objet se trouve à l'intérieur de la tente. Une fente permet d'y introduire l'appareil photo. Lorsque vous éclairez, la lumière remplit l'intégralité de la tente. Ainsi, l'objet est éclairé de manière uniforme. Ce dispositif est particulièrement conseillé pour photographier des montres et des bijoux.

# Utiliser un éclairage continu

Pendant de nombreuses années, j'ai photographié des produits commerciaux en utilisant des flashs comme source d'éclairage. Aujourd'hui, mon choix se porte sur des éclairages continus comme le TD5 Spiderlite de Westcott. Il s'agit non pas d'un flash, mais d'une lampe qui éclaire continuellement. Elle diffuse uniformément un éclairage équivalant à celui de la lumière du jour. Comme ce système utilise des ampoules fluorescentes, il chauffe très peu. Ce dispositif fonctionne admirablement bien pour photographier des produits commerciaux car il vous permet d'anticiper précisément la photo que vous allez obtenir. Inutile de procéder à de multiples essais de prise de vue. Vous obtiendrez exactement la photo dont vous voyez les éléments éclairés par ce dispositif. L'éclairage en continu peut être utilisé avec un certain nombre d'accessoires comme des boîtes à lumière de diverses dimensions, des grilles, et bien d'autres choses encore. Comme ces lampes restent continuellement allumées, vous n'avez pas à vous préoccuper de la mise en place d'un système de déclenchement sans fil ou par câble de vos flashs. Chaque fois que je recommande l'éclairage en continu à des amis, ils en sont tombés totalement amoureux. Vous pouvez acheter des kits qui comprennent des systèmes de fixation, une boîte à lumière, un pied, sachant que les ampoules doivent être commandées séparément. Vous en trouverez chez B&H Photo pour environ 500 dollars.

# Mélanger lumière naturelle et artificielle

SCOTT KELBY

Si vous travaillez sur un site baigné par la lumière du jour, vous pouvez vous contenter de cette seule source d'éclairage. Le problème est qu'il est difficile d'obtenir un éclairage totalement uniforme. Pour cette raison, il est conseillé d'ajouter un éclairage artificiel qui va se mélanger à la source de lumière naturelle. J'utilise cette technique lorsque je photographie de la nourriture ou des bouteilles de vin. J'utilise la lumière naturelle comme éclairage d'arrière-plan. Devant l'objet photographié, je place un éclairage continu Spiderlite de Westcott qui sert de lumière d'appoint. Ce petit apport de lumière va faire toute la différence. L'avantage du Spiderlite est qu'il équilibre la lumière du jour, et qu'il se fond sans problème à l'éclairage naturel. (Pour voir l'image obtenue avec ce dispositif, visitez la page d'accompagnement de ce livre à **www.kelbytraining.com/books/digphotogv3**.)

# Améliorer les tons clairs et les tons foncés sur son ordinateur

*Avant*

*Après*

Nous travaillons toujours le plus précisément possible pour obtenir la meilleure photo au moment de la prise de vue. Toutefois, il arrive qu'une photo soit presque parfaite. « Presque » ne veut donc pas dire qu'elle l'est, mais qu'elle peut le devenir grâce à Photoshop. Lorsque je photographie un produit à des fins publicitaires, je retouche l'image dans ce logiciel fantastique. J'élimine de petites imperfections comme des traces de poussières ou des taches, mais surtout j'améliore les tons clairs (les zones les plus lumineuses de l'image) et les tons foncés (les zones les plus sombres). En règle générale, je rends les tons clairs plus clairs et les tons foncés légèrement plus sombres et plus denses. Une petite vidéo consultable à l'adresse **www.kelbytraining.com/books/digphotogv3** vous explique comment effectuer ces corrections. Vous serez surpris de constater avec quelle facilité vous pouvez donner une dimension supplémentaire à vos photographies.

## Sous quel format doit-on sauvegarder des copies de ses photos ?

*Lorsque vous traitez vos images RAW dans Photoshop, vous devez impérativement en faire une copie sous un format lisible par tous, et notamment par un laboratoire de tirage numérique, mais aussi pour les archiver. La question est de savoir sous quel format enregistrer ces copies. Personnellement, j'opte pour le format JPEG avec une qualité de compression égale à 10. En effet, cette valeur est le compromis idéal entre qualité de l'image et taille du fichier.*

# Créer son dispositif de prise de vue

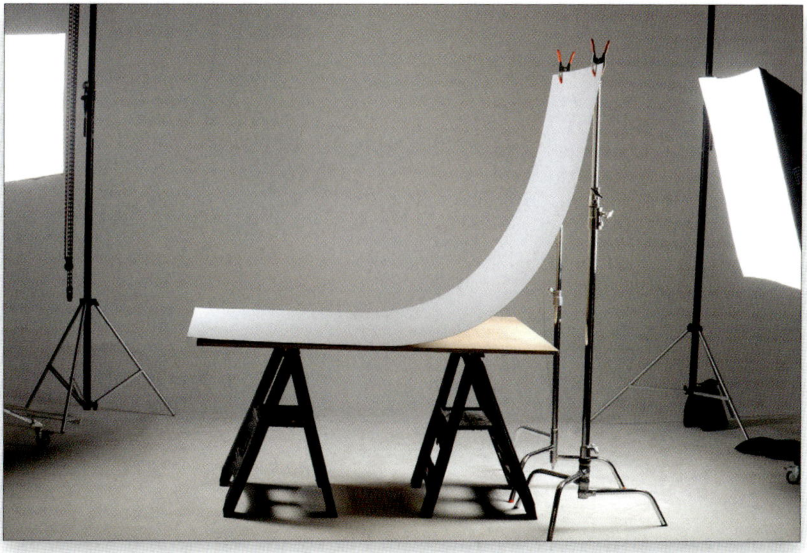

Si vous avez besoin d'un large support pour photographier vos objets, contentez-vous d'acheter un grand panneau de formica blanc. Voici en quoi ce matériau est idéal. (1) Lorsque vous posez un objet sur du formica blanc, il se reflète naturellement sur cette surface. Vous obtenez un reflet satiné très subtil. (2) Le formica est très facile à nettoyer. Passez un chiffon humide dessus et le tour est joué. (3) Comme le formica est souple, vous pouvez le courber de manière à bien unifier la surface. Pour cela, il suffit de placer deux pieds à l'extrémité de la table, et de fixer à leur sommet les angles de la plaque de formica *via* des pinces comme celles photographiées à la page 42. Une plaque de formica de 2,50 × 1,25 m coûte environ 50 euros.

# Des fils spéciaux pour suspendre les objets

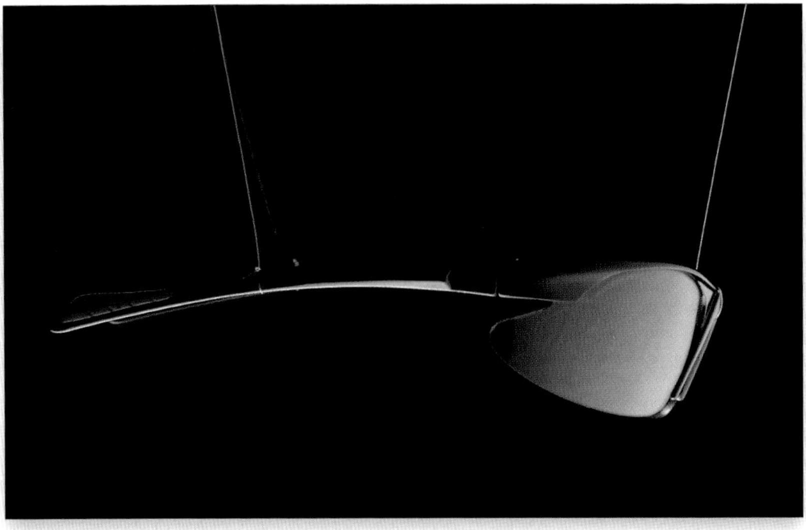

SCOTT KELBY

Les fils « invisibles » ne servent pas uniquement à recoudre des vêtements. Ils permettent de suspendre des objets que vous voulez photographier. Bien entendu, ce dispositif a une limite : le poids de l'objet ! Par exemple, n'essayez pas de suspendre une batterie de voiture. Préparez un support avec une tringle horizontale, et laissez pendre une longueur de fil suffisante pour que ce support n'apparaisse pas dans le viseur. Il est également possible d'utiliser du fil à pêche. Si jamais le fil se voit sur la photo, une manipulation très simple permettra de le faire disparaître dans Photoshop. Une vidéo publiée sur le site d'accompagnement de ce livre montre comment j'ai éliminé les fils visibles sur le cliché ci-dessus (**www.kelbytraining.com/books/digphotogv3**).

# L'avantage des boîtes à lumière hautes et étroites

Vous avez probablement déjà vu des photos de bouteilles de vin ou de composants électroniques sur lesquels les reflets sont hauts, fins, doux et rectangulaires. Ces magnifiques reflets sont créés avec un type spécial de boîtes à lumière hautes et étroites. Elles sont très utilisées dans le domaine de la photographie de produits commerciaux. (Photographier des produits qui sont très réfléchissants est un défi technique difficile à relever.) L'intérêt de ces boîtes à lumière est de pouvoir les positionner verticalement ou horizontalement de manière à définir des reflets très particuliers dont la valeur esthétique est indéniable.

# Utiliser un carton en mousse

En matière de prises de vue de produits commerciaux, les photographes préfèrent souvent un réflecteur en carton avec une couche de mousse à un réflecteur de studio traditionnel. Cette mousse a un pouvoir réfléchissant un peu plus important que la majorité des réflecteurs. Donc, ils renvoient davantage de lumière. Ce support en mousse est extrêmement malléable. Vous pouvez le découper aux dimensions idéales pour l'objet que vous photographiez. Il pourra alors être placé très près de l'article posé sur une table. Vous veillerez à ne pas inclure ce carton en mousse dans le cadre.

# Densité de l'arrière-plan

Pour que le produit photographié prenne un aspect à la fois intense et dramatique, essayez ceci : achetez une dalle de granite noir. Cette surface est incroyablement brillante. Elle réfléchit les objets de manière très intense. Vous avez l'impression que l'article vous crie : « Photographie-moi ! » Ce type de dalle est bon marché, à condition que vous n'en achetiez pas 20 mètres carrés. Comme les dalles de granite ne sont pas de grande dimension, vous les utiliserez pour photographier de petits objets que vous désirez rendre plus sombres qu'ils ne le sont à l'origine. Testez le granite dès que vous souhaiterez travailler dans une nouvelle direction, c'est-à-dire autre que le traditionnel fond blanc.

# Utiliser un trépied

Les produits commerciaux que vous photographiez doivent être absolument nets. Pour cette raison, les professionnels travaillent avec un trépied. Donc, pour rivaliser avec eux, dès que vous photographiez des objets fixez votre appareil photo numérique sur un trépied.

# Supprimer les éléments gênants

Lorsque vous regardez des photos d'articles prises par des professionnels, vous êtes toujours étonné de voir qu'ils sont débarrassés de toutes sortes de fils, câbles et autres éléments qui détournent l'attention. En d'autres termes, vous ne voyez que le produit en lui-même dans toute sa splendeur. Vous voulez un exemple ? Prenez un casque stéréo. Ce type de casque a généralement un fil dont le jack s'enfiche dans la prise casque de la carte son de votre ordinateur ou de l'ampli de votre chaîne hi-fi. Or les photographies de casques ne montrent jamais ce fil. Comment est-ce possible ? Photoshop ? Eh bien, non, la solution est on ne peut plus simple : enlevez ce câble du casque. En revanche, lorsque l'élément perturbateur ne peut pas être retiré manuellement, votre seul salut sera Photoshop. Une vidéo publiée sur le site **www.kelbytraining.com/books/digphotogv3** montre comment procéder.

# Nettoyer avant de photographier

Avant de photographier quoi que ce soit, procédez au nettoyage de l'objet. Si vous ne le faites pas, vous risquez de passer beaucoup de temps dans Photoshop à tenter d'effacer ces imperfections. Ne soyez pas négligent. Il reste toujours des traces de doigt sur les objets. Passer un coup de chiffon vous prendra 1 ou 2 minutes, tandis que les supprimer dans Photoshop vous en demandera 20, et encore, si vous connaissez parfaitement bien la technique pour les éliminer. Le nettoyage des objets préalablement à la prise de vue vous évitera bien des prises de tête informatiques.

*Obturation : 0,5 s   Ouverture : f/22   ISO : 100   Focale : 200 mm  |  Photo Scott Kelby*

# 5

# Photographier en extérieur comme un pro

## Encore plus d'astuces pour créer des scènes époustouflantes

Voici un chapitre dans lequel vous allez découvrir un certain nombre d'effets qui s'appliquent non pas uniquement à des photos de paysage mais à tout ce qui peut se photographier en extérieur. Vous allez constater qu'il est plus facile d'obtenir de belles photos en extérieur car vous n'y rencontrerez pas les mêmes problèmes qu'en intérieur. Ainsi, il est plus facile de trouver des sources d'éclairage dehors que dans un studio. J'en veux pour preuve le nombre de fois où, marchant dans la rue, j'ai trouvé un superbe flash sur le trottoir. Bon, j'exagère un peu mais, que voulez-vous, à mon âge on ne se refait pas. Dehors, nous bénéficions de la présence du soleil. Notre mission consiste à bien savoir l'utiliser. Par exemple, si vous êtes doué de vos mains, vous allez réussir à confectionner rapidement un réflecteur pour éclairer uniformément un bus à impériale. Mc Gyver, cela vous rappelle-t-il quelque chose ? Tout cela pour vous dire que ce chapitre va vous ouvrir de nouvelles perspectives tout à fait exceptionnelles.

# Dresser une liste pour ne rien oublier

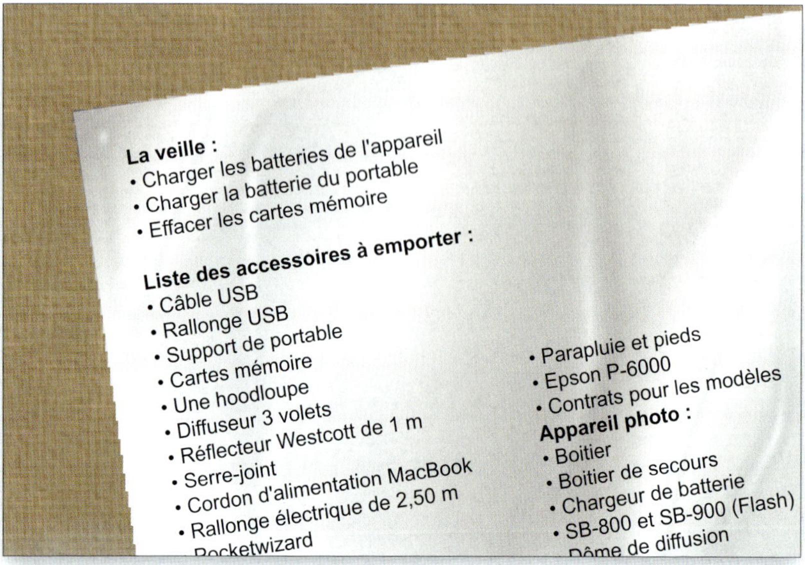


Il n'y a rien de pire que d'aller photographier sur site et de s'apercevoir que l'on a oublié un matériel indispensable. Cela m'est arrivé des dizaines de fois. Certes, vous n'oublierez jamais votre appareil photo numérique (ou alors ce n'est plus une liste que vous devez faire, consultez plutôt un médecin), mais vous aurez tendance à omettre des câbles, des filtres, des batteries, etc. Donc, lorsque vous décidez de photographier à l'extérieur, pensez à toutes les petites choses que vous utilisez naturellement sans être obligé… d'y penser ! Dressez-en une liste que vous consulterez juste avant de partir. Mettez dans vos sacs les matériels au fur et à mesure que vous les cochez sur la liste. Si vous emportez un élément ne figurant pas sur votre liste, pensez alors à l'y ajouter.

# Mettre du mouvement dans ses photos

SCOTT KELBY

Montrer un mouvement, un déplacement, est le meilleur moyen de dynamiser un cliché. Comment faire ? Réduisez la vitesse d'obturation. Par exemple, dans la photo ci-dessus prise à la gare centrale de New York, deux conditions doivent être réunies pour obtenir un flou directionnel sur les personnes photographiées : (1) la gare doit rester parfaitement nette ; pour cela, installez l'appareil photo sur un trépied ; (2) fixez un long temps de pose de manière à capturer le déplacement des voyageurs. Si vous photographiez dans un lieu relativement sombre comme sur l'image ci-dessus, vous pouvez régler l'appareil en mode priorité à l'ouverture, régler l'ouverture sur f/8 (par exemple), et appuyer sur le déclencheur. Le diaphragme restera ouvert 1 ou 2 secondes, et toutes les personnes en mouvement apparaîtront floues. Il est très difficile d'obtenir cet effet en plein milieu de l'après-midi car le diaphragme ne restera pas ouvert assez longtemps. Comment les professionnels font-ils ? La méthode la plus simple consiste à utiliser un filtre gris de manière à assombrir ce que perçoit votre appareil. L'obturation sera alors plus lente.

# Obtenir un effet d'étoile

SCOTT KELBY

Des filtres spéciaux peuvent transformer des lumières très claires en étoiles. Toutefois, il est possible d'obtenir cet effet sans accessoire supplémentaire. Choisissez la valeur de diaph la plus élevée comme f/22 (donc une faible ouverture). La lumière sera étoilée. Simple, facile, astucieux, et pas cher !

# Balance des blancs artistique

SCOTT KELBY

Il y a deux manières d'envisager la balance des blancs. La première consiste à appliquer une balance des blancs correcte pour obtenir une photo naturelle. Par exemple, si vous photographiez sous un ciel nuageux, vous allez choisir le type de balance des blancs Nuageux. Les couleurs obtenues seront précises et l'image, conforme à la réalité. La seconde approche est plus artistique. En effet, vous allez choisir un type de balance des blancs qui ne correspond pas aux conditions de prise de vue. Par exemple, si vous photographiez un paysage à l'aube et que l'image manque de profondeur, appliquez le mode balance des blancs Tungstène. Cela va introduire une dominante bleue. Au crépuscule, vous pouvez appliquer une balance des blancs Nuageux et alors obtenir des teintes encore plus chaudes, comme sur la première des trois photos ci-dessus. La deuxième photo a été prise avec une balance des blancs Fluorescent et la troisième, avec une balance des blancs Tungstène. En matière artistique, il n'y a pas de bonne balance des blancs. Vous cherchez à rendre vos scènes plus froides (bleues) ou plus chaudes (jaune), c'est-à-dire que vous évitez toute balance des blancs qui produira une photo naturelle.

# Faire de la lumière le sujet de sa photo

SCOTT KELBY

Il arrivera quelquefois un miracle. Un sujet devient photographique par la simple présence d'une lumière exceptionnelle. Pourtant, vous pouvez chercher des miracles de ce type car il y en a autour de nous beaucoup plus que vous ne le pensez. Au lieu de chercher un sujet, cherchez le miracle de la lumière ! Regardez partout autour de vous ! Les lieux que je recherche sont souvent ceux qui baignent dans une lumière naturelle. Donc, en voyage, essayez de trouver ce genre d'endroits. Il s'agit généralement des places de marché, des petites allées, de vieux immeubles abandonnés, des boutiques, de petites églises, ou encore des bâtiments aux vitres sales (qui créent une lumière douce et diffuse). En extérieur, vous aurez toujours de belles lumières au crépuscule. Mais pensez également à celles qui surviennent après une averse. Parfois, lorsque le soleil traverse les nuages, une magnifique lumière surgit, le temps de quelques minutes. Vous comprenez que, lorsque la lumière est belle, c'est elle qui caractérise votre sujet quoi qu'il puisse représenter.

# Photographier des ponts

SCOTT KELBY

Si vous photographiez des amis, votre famille, ou des lieux, gardez en mémoire ce qui suit : évitez de réaliser vos prises de vue lorsque votre sujet se trouve à proximité d'un élément brillant, comme un rayon de soleil, un reflet, ou encore quand votre sujet est plus ou moins dans l'ombre. L'œil est naturellement attiré par ce qui brille. Mais, comme le veut l'adage, « tout ce qui brille n'est pas or ». (Pardonnez-moi cette digression mais je n'ai pas pu m'en empêcher.) Sur la photo ci-dessus, le mur de droite est tellement clair que votre regard se pose immédiatement dessus. Pourtant, le sujet principal du cliché est le pont et ses touristes. Lorsque vous êtes confronté à ce genre de situation, déplacez-vous, et recadrez de manière à éliminer cette zone claire.

## Ne pas cadrer les objets modernes

*Si vous photographiez en voyage et que vous désiriez sublimer le charme de la scène, évitez de cadrer les objets modernes. Par exemple, rien ne gâche plus la photo d'un bateau de pirate que voir en arrière-plan un hors-bord Evinrude propulsé par un moteur de 250 chevaux. Dans ce genre de situation, essayez d'éliminer tous les bateaux à moteur, les radars, c'est-à-dire tout témoin de la vie moderne. Idem dans les villes. Excluez les cabines téléphoniques, les pompes à essence, les affiches, etc.*

# Les trois éléments pour bien photographier un paysage

SCOTT KELBY

La réussite d'une photographie de paysage dépend de trois choses : (1) disposer du bon matériel et savoir l'utiliser ; (2) réserver votre emplacement à l'avance de manière à être sûr d'être présent au bon moment, c'est-à-dire quand la lumière est idéale ; et (3) avoir beaucoup de chance. Malheureusement, la troisième chose joue un rôle très important. Voici pourquoi : elle peut vous rendre fou. En effet, vous voici sur les lieux bien avant l'heure prévue, votre matériel étant parfaitement installé et réglé, et votre cadrage est parfait… et il se met à pleuvoir. La bruine crée un léger brouillard qui gâche absolument tout. Ou bien alors c'est le contraire. Le ciel est sans nuage, et la forêt sans brume. Je sais, il y a des matins comme cela où il serait préférable de rester couché. Vous êtes à la merci de mère Nature. Il vous faudra revenir régulièrement sur les lieux jusqu'à ce que le cliché puisse être pris dans les conditions espérées. L'obstination finit toujours par payer. Un jour, toutes les conditions seront réunies, et vous serez le plus heureux des hommes.

# Chercher des nuages pour préserver les couleurs

SCOTT KELBY

Lorsque vous photographiez au lever ou au coucher du soleil, le nuage est généralement votre ami. Je parle non pas de nuages bien clairs, mais d'un ciel plus ou moins perturbé. En effet, le nuage est le seul support des couleurs du ciel. Les nuages permettent de transformer une photo ordinaire en un cliché extraordinaire.

## Photographier les ombres

*En studio, nous essayons de contrôler les ombres. Nous les diffusons, les adoucissons, voire les supprimons. En revanche, en extérieur, les ombres deviennent des sujets de photos à part entière. Photographiez des ombres étirées, des ombres dures, déformées, diffuses, etc. Vous pouvez également créer des ombres en plaçant des objets entre la lumière et un mur, ou en les positionnant à côté du sujet de votre photo. Cette astuce peut donner un grand intérêt photographique à un mur originellement blanc.*

# La photographie sous-marine, partie I

Lorsque vous passez vos vacances dans un pays tropical, difficile de résister à l'envie de faire des photos sous-marines. Surgit alors dans votre esprit cette angoissante question : « Comment photographier ce relief de corail. » C'est bien plus simple que vous ne le pensez. Cependant, il s'agit d'une équation qui se résout en deux temps. Dans un premier temps, achetez un caisson étanche pour protéger votre appareil qui n'est pas waterproof. Mais, avant de casser votre tirelire, je tiens à vous préciser ceci. Lorsque je parle d'appareil je n'envisage pas forcément un reflex numérique. Pourquoi ? Parce qu'un caisson étanche peut coûter aussi cher que l'appareil lui-même. Si vous ne pensez pas devenir un spécialiste de la photo sous-marine, achetez un compact numérique sur votre lieu de vacances. Il en existe qui sont waterproof (étanches) pour un prix tout à fait abordable.

# La photographie sous-marine, partie 2

Dès que votre appareil est protégé par un caisson étanche, vous devez relever deux défis. D'abord, certains animaux affamés n'auront qu'un seul objectif, et pas photographique, croyez-moi, mais qui est de vous dévorer. (*Les Dents de la mer*, cela ne vous rappelle rien ?) Plus sérieusement, le gros problème sous l'eau est le manque de lumière. Donc, vous devez équiper votre matériel d'un flash ou d'une torche pour révéler les magnifiques couleurs du monde aquatique. Si vous photographiez très près de la surface, un simple réglage de la sensibilité ISO suffira. Mais, dès que vous descendez à 3 ou 4 mètres de profondeur, surveillez la vitesse d'obturation. La lumière baisse très vite sous l'eau. Or, dès que vous commencerez à utiliser une vitesse d'obturation de 1/30, 1/15, voire moins, vous introduirez inévitablement un flou de bouger. Le problème est que vous ne vous en rendrez compte qu'au moment du transfert de vos photos sur votre ordinateur. L'écran LCD de l'appareil est trop petit pour y déceler le flou. Si vous achetez un appareil compact pour vos photos sous-marines, choisissez-en un qui génère peu de bruit malgré une sensibilité ISO élevée. L'autre problème qui va se poser concerne les dominantes de couleur. Heureusement, Photoshop sera votre allié dans la correction de cette imperfection. Bien que je ne sois pas un fanatique des modes de correction automatiques, je dois constater que, dans ce domaine photographique particulier, ils sont très performants. Ouvrez le menu Image de Photoshop. Cliquez sur le sous-menu Réglages, et choisissez Niveaux automatiques. C'est tout !

# Ce que l'on peut éliminer au cadrage

SCOTT KELBY

SCOTT KELBY

David duChemin, un grand photographe, m'a expliqué quelque chose de fondamental. J'étais tombé en admiration devant une de ses photos montrant un vieil homme se glissant à l'intérieur du Taj Mahal. Je pensais que David avait dû attendre l'aube car il n'y avait absolument pas de touriste aux alentours. David m'expliqua qu'il n'en était rien. En réalité, il y avait des touristes absolument partout. S'il avait élargi son cadre, il en aurait photographié des centaines. Il dut prendre une grande décision : choisir ce qu'il allait éliminer de son cadrage. Il cadra de manière à ne montrer que le vieil homme dont je vous ai parlé. Pour les deux clichés ci-dessus, qui ont été pris à quelques secondes d'intervalle, la différence tient au cadrage. Sur la photo de gauche, vous voyez la boutique de souvenirs, la route, et de nombreux autres éléments qui détournent l'attention. Pour obtenir l'image de droite, je me suis simplement placé derrière une dune afin de limiter mon cadre à la tour. Quelle est la morale de cette histoire ? Une photo n'est pas toujours réussie pour ce que vous cadrez mais peut l'être pour ce que vous ne cadrez pas.

## Photographier les reflets dans des flaques

*Voici une autre idée à vocation artistique : photographiez les reflets que vous voyez dans des flaques en tout genre. Je ne veux pas dire qu'il faille photographier un sujet avec des flaques au premier plan où des reflets sont parfaitement visibles. Non ! Je veux dire photographier les flaques elles-mêmes. Dans une ville, il y a toujours quelque chose qui se reflète dans ces flaques. Cherchez alors le meilleur angle de prise de vue, et photographiez-les !*

# Photographier avec la sensibilité ISO la plus faible possible

Vous photographierez souvent les paysages au lever ou au coucher du soleil. Dans ce cas, il est vivement conseillé d'installer l'appareil photo sur un trépied. Alors, vous pouvez choisir une sensibilité ISO relativement faible (généralement 200 sur les Nikon reflex numériques et 100 sur les Canon). Pourquoi ? Parce que vous obtiendrez une photo plus nette, avec moins de bruit, et d'une excellente qualité. Comme le trépied stabilise parfaitement l'appareil, vous n'êtes pas obligé d'augmenter la sensibilité ISO au-delà du réglage de référence qui est recommandé lorsque vous photographiez sous de faibles conditions d'éclairage. De plus, comme vous ne tenez pas l'appareil à la main, aucun flou de bouger ne peut être introduit dans l'image.

# Qu'y a-t-il d'intéressant à photographier ?

©ISTOCKPHOTO/FERRAN TRAITE SOLER ET SCOTT KELBY

Lorsque vous arrivez dans un endroit inconnu, vous n'avez probablement aucune idée des divers monuments qu'il y a à photographier. Ne restez pas dans cette ignorance touristique ! Allez dans un magasin qui vend des cartes postales et regardez quelles sont les curiosités les plus représentées. Tournez chaque carte postale pour connaître le nom de ces lieux intéressants. D'accord, pourquoi ne pas vous contenter d'acheter ces cartes et de terminer votre séjour confortablement installé devant une bonne bière ? Parce que vous êtes avant tout un photographe. Et cette qualité vous autorise à penser que vous ferez de bien plus belles photos que des cartes postales pour touristes.

## Les textures sont de beaux sujets de photographie

*La texture des immeubles que vous rencontrez est un excellent sujet de photographie. Cela va du mur écaillé d'un vieil immeuble au motif d'une table en bois en passant par le tissu d'une tenture quelconque. Nous sommes entourés de textures. La lumière qui les éclaire leur donne toute leur dimension. En fonction de l'angle d'éclairage, vous obtenez des ombres très intéressantes qui mettent en valeur les motifs de ces textures. Soyez toujours attentif aux textures présentes en ville et à la campagne.*

# Éviter que la lumière ne pénètre dans le viseur

SCOTT KELBY

Voici une superastuce qui me vient de l'excellent photographe animalier et de paysages Moose Peterson et qui permet de mieux exposer vos paysages quand vous utilisez un déclencheur souple. Voici le problème que vous pouvez rencontrer : comme vous utilisez un déclencheur souple, vous ne regardez pas complètement dans le viseur afin de ne pas faire bouger l'appareil. De ce fait, de la lumière pénètre entre votre œil et le viseur, ce qui perturbe l'appréciation de l'exposition correcte de l'image. La solution consiste à couvrir votre viseur. Certains appareils, comme les Nikon D3 et D3x, ont un capot intégré qu'il suffit de mettre en position pour empêcher la pénétration de la lumière dans le viseur. Faites l'expérience suivante pour savoir si cette lumière affecte l'exposition. Recouvrez et découvrez le viseur avec votre main. Si vous observez une modification de la vitesse d'obturation sur l'écran LCD de l'appareil, vous en concluez que la lumière pénètre dans le viseur. Si vous ne possédez pas de petit capot, Moose conseille de placer votre protège-objectif sur le viseur afin de bloquer toute pénétration de lumière. Si vous utilisez un reflex Canon, vous disposerez probablement d'un capot pour viseur qui évitera à la lumière extérieure d'affecter votre exposition.

# Utiliser un filtre gris dégradé

Le filtre gris dégradé et le filtre polarisant sont les deux filtres les plus importants. Le filtre gris dégradé permet d'exposer correctement deux zones d'une image qui, sans lui, ne pourraient pas l'être. En effet, lorsque vous photographiez un paysage, si vous exposez correctement le sol, le ciel sera surexposé. Grâce à un filtre gris dégradé, le ciel est assombri. Donc, le sol et le ciel seront tous deux parfaitement exposés. Le filtre gris dégradé passe progressivement d'un gris neutre (en haut) à une transparence complète (en bas). Le filtre que j'utilise est un rectangle en plastique que je place devant mon objectif. J'utilise peu de filtres (voir Chapitre 3), mais celui-ci est indispensable pour réussir une photo de paysage correcte sans être obligé de la manipuler dans Photoshop.

## Photographier en position la plus basse possible

*Nous photographions souvent en position debout. Donc, de nombreuses photos prises par différents photographes ont un même point de vue. Essayez des angles différents, c'est-à-dire des angles inhabituels. Baissez-vous, quitte à vous mettre à genoux, voire à plat ventre.*

# Comment photographier pour le HDR

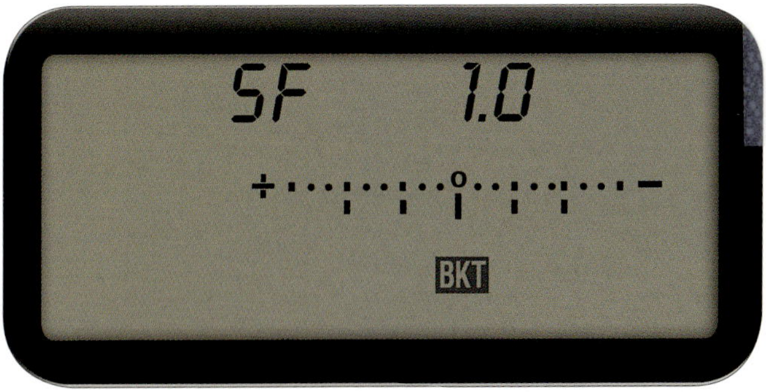


Pour que vous puissiez créer des images HDR (*High Dynamic Range*), c'est-à-dire plusieurs prises de vue de la même image que vous combinez pour disposer d'une plage tonale plus importante que celle de votre appareil photo, je me dois de vous distiller quelques conseils qui vont faciliter votre travail de prise de vue. Tout d'abord, pour réussir une fusion HDR, vous devez photographier en fixant votre appareil sur un trépied. Ensuite, réglez votre appareil en mode Priorité à l'ouverture. Enfin, configurez l'appareil pour qu'il effectue un bracketing automatique. Voici comment procéder.

**Nikon.** Maintenez enfoncé le bouton fonction (Fn), situé dans la partie inférieure de la façade de votre appareil (pour un D300, D700, D3 ou D3x). Ensuite, faites tourner la molette principale située à l'arrière du boîtier jusqu'à ce que le bracketing automatique soit activé. Cette activation est mentionnée sur l'écran LCD supérieur. Optez pour un bracketing de 5 poses (une est normale, une est plus claire, une autre encore plus claire, une autre plus sombre, et une dernière encore plus sombre). Maintenant, réglez l'appareil en mode de prise de vue en continu haute vitesse. Maintenez le déclencheur enfoncé jusqu'à ce que l'appareil ait pris les 5 photos.

**Canon.** Maintenez enfoncés les boutons Mode et AF-Drive pour activer le bracketing automatique. Fixez le nombre de prises de vue à 5 (menu Réglages personnalisés). Ainsi, l'appareil prendra une photo normale, puis une plus claire, une encore plus claire, une plus foncée, et une dernière encore plus foncée. Maintenant, basculez votre appareil en mode de fusion Rafale. Maintenez le déclencheur enfoncé jusqu'à ce que les 5 photos aient été prises.

# Que faire des prises de vue HDR ?

MATT KLOSKOWSKI

La prise de vue en bracketing n'est que la première phase de la création d'images HDR. Vous disposez en effet de 5 photos dont 4 sont soit surexposées soit sous-exposées. Vous devez donc les combiner dans un programme de retouche d'images de manière à n'obtenir qu'une seule photo. C'est ce que l'on appelle « fusion HDR ». Le programme le plus performant en la matière est Photomatix Pro de HDRsoft.com. Il coûte environ 100 euros. Vous pouvez télécharger une version de démonstration pour Mac et PC. Cette version ne verrouille aucune fonction. Il impose simplement un filigrane sur vos images. Vous ouvrez vos 5 photos dans Photomatix Pro. Il les fusionne et détermine la plage tonale à votre place. J'ai publié une vidéo qui montre comment réaliser une fusion HDR avec ce programme. Découvrez-la sur le site **www.kelbytraining.com/books/digphotogv3**.

# Faire un repérage

BARNEY STREIT

Je n'oublierai jamais la première fois où j'ai photographié à Big Sur, près de la côte californienne, non loin de Monterey et de Carmel. La veille, j'étais en ville. Je n'avais pas pensé à repérer les lieux de mes prises de vue avant de m'y rendre le lendemain pour photographier le lever du soleil. Donc, je suis parti de bon matin dans l'idée de trouver un emplacement parfait pour réaliser mes prises de vue. Bien évidemment, ce fut un échec complet. Impossible de localiser un lieu où il y eût quelque chose d'intéressant à photographier. Malgré mon désespoir, j'ai tout de même tenté de régler mon matériel, d'attendre l'aube et, lorsque le soleil arriva, je pris ma photo. Elle fut la plus horrible de toute ma vie. Si j'avais été sérieux, j'aurais préparé cette session à l'avance. Il y a donc une leçon à tirer de cette expérience dramatique pour un photographe. Vous devez impérativement vous rendre sur les lieux pour repérer un superbe emplacement. Ensuite, si vous le pouvez, prenez quelques clichés tests, même si la lumière n'est pas extraordinaire. Ainsi, lorsque vous reviendrez photographier quand la lumière sera telle que vous l'escomptez, les clichés seront parfaitement réussis. Planifier, localiser, tester sont les trois ingrédients nécessaires à la réussite de votre projet. Vous savez, tous les tours de magie, même photographiques, nécessitent de la réflexion et de la préparation.

# Ne pas photographier systématiquement au grand-angle

SCOTT KELBY

Photographier des paysages pousse souvent à sortir le grand-angle pour obtenir le plus beau des clichés. En effet, un grand-angulaire capte fidèlement la majesté d'un lieu. Toutefois, la prochaine fois que vous photographierez sur site, essayez ceci : utilisez un long téléobjectif, et photographiez une vue totalement différente du lieu. Parfois, vous obtiendrez d'incroyables images montrant des choses qui ne sont pas à la portée d'un objectif grand-angle. Ouvrez-vous toujours à de nouveaux horizons photographiques. Transgressez les règles ! Vous serez étonné de ce que vous pouvez photographier au 100 mm par rapport à un 28 mm.

## Photographier des formes

*Voici une idée qui me vient de mon ami Joe Glyda, un photographe institutionnel réputé. Il m'a expliqué qu'il allait régulièrement dans les centres-villes avec l'idée de ne photographier, par exemple, que des éléments circulaires ou carrés. Chaque fois, je suis étonné par les photos qu'il rapporte. La créativité dont il fait preuve est phénoménale. Respect ! En conclusion, faites comme lui !*

# Tirer parti des contre-jours

SCOTT KELBY

Vous savez, le contre-jour n'est pas forcément l'ennemi du photographe. Souvent, nous le compensons avec une lumière d'appoint. Lorsque vous photographiez des paysages, vous obtenez des images exceptionnelles quand le soleil pointe vers vous (et non pas au-dessus de votre épaule). Vous pouvez même cadrer de telle sorte que le soleil soit complètement dans le cadre. Dans ce cas, si vous fermez à f/22 un halo ou un effet d'étoile se produira, captivant le regard du spectateur. Toutefois, lorsque vous cadrez le soleil, il est facile de rater votre photo. Ne désespérez pas si vos premiers clichés ne sont pas très bons. Il suffit d'un peu de pratique pour trouver l'exposition correcte et pour parvenir à positionner correctement le soleil dans votre cadre. Croyez-moi, les échecs successifs vous conduiront sur la voie du succès, et là, vous ne regretterez pas toutes vos tentatives décevantes.

# Longtemps je me suis levé de bonne heure

Quel titre de section ! Marcel Proust ne pratiquait pas la photographie, du moins à ma connaissance, mais il savait déjà une chose essentielle : il faut se lever de bonne heure. D'ailleurs, ne dit-on pas que la vie appartient à ceux qui se lèvent tôt ? Comme je le mentionne dans le Volume 1, les deux meilleurs moments pour photographier des paysages sont le lever et le coucher du soleil. Vous devez donc vous rendre sur place très tôt le matin, et même beaucoup plus tôt que vous ne le pensez. En effet, vous ne disposez que de très peu de temps pour photographier l'aube. Donc, plus vous serez sur place de bonne heure, moins vous risquerez de manquer cet instant magique et éphémère qu'est l'apparition d'une lumière naturelle absolument magnifique. Avancez toujours votre réveil d'un quart d'heure. Ainsi, si vous envisagez de vous lever à 5 heures, réglez-le à 4 h 45. Plus vous serez tôt sur le site, et plus vous aurez le temps d'installer votre matériel, de vous préparer, de cadrer, de vous détendre, et d'appuyer sur le déclencheur au bon moment.

**Pour photographier sur un lieu touristique, soyez-là le premier !**

*Si vous envisagez de photographier un lieu très touristique, comme le parc national des Arches, dans l'Utah, n'oubliez jamais que l'endroit va rapidement être noir de monde. Donc, soyez-là au moins deux heures avant le lever du soleil. Vous aurez alors tout le loisir de choisir votre emplacement et d'y installer votre trépied. Il suffit d'arriver trente minutes trop tard pour que vous soyez aux prises avec 50 autres photographes, chacun étant prêt à se battre pour s'imposer. N'en venez pas aux mains ! Contentez-vous de vous lever plus tôt que tout le monde. (J'exagère un peu car le photographe est un homme courtois… enfin,* a priori*.)*

# Pourquoi photographier verticalement un panoramique

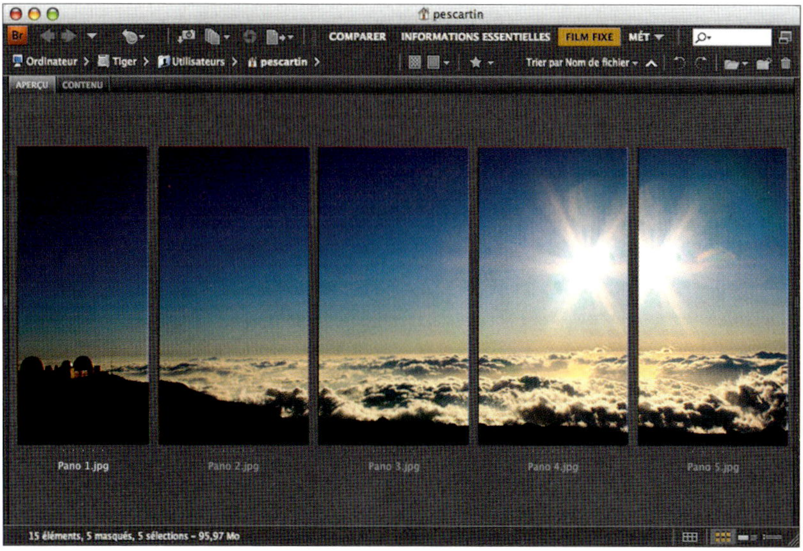


SCOTT KELBY

Si vous possédez au moins la version CS3 de Photoshop, vous devez impérativement photographier des panoramiques. En effet, Photoshop dispose de puissants algorithmes pour fusionner les diverses images qui les composent. Pour réussir un panoramique, la technique de prise de vue est relativement simple : faites en sorte que chaque photo contienne 20 % du contenu de la précédente. Ainsi, au moment de leur fusion, Photoshop réunira les images sans aucun raccord visible. Mais voici une astuce qui vous évitera de devoir couper le sommet des montagnes ou un élément essentiel du premier plan. Lorsque Photoshop crée un panoramique, vous êtes souvent obligé de recadrer l'image afin d'éliminer certaines zones vides. Pour réduire l'incidence de ce recadrage, je vous conseille de photographier vos panoramiques verticalement. Dans ce cas, quand vous recadrerez votre photo, vous ne serez pas obligé de couper le sommet d'une montagne ou de magnifiques reflets dans un lac. Pourquoi ? Parce qu'il y aura suffisamment d'espace au-dessus de ces éléments. Vous recadrerez dans cet espace, c'est-à-dire le ciel, conservant intacts les sommets.

# Obtenir des paysages aux couleurs vives

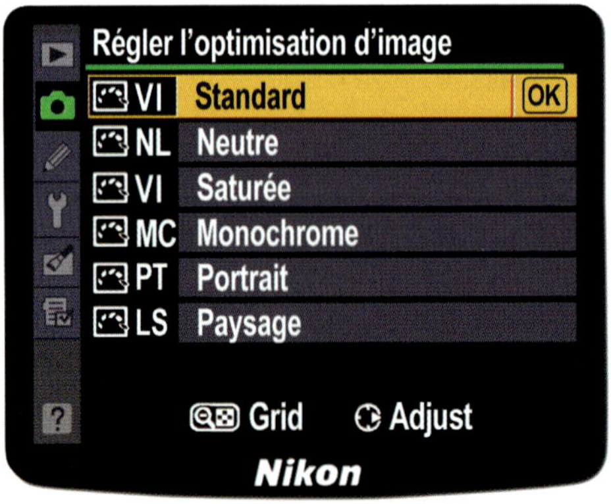


À la grande époque de l'argentique, les photographes de paysages utilisaient une pellicule spéciale Fuji appelée Velvia. La raison de ce choix tenait au fait que ce film générait des couleurs très vives, saturées, qu'adoraient ces photographes. Aujourd'hui, les appareils photo numériques permettent d'obtenir des clichés similaires directement à la prise de vue. Toutefois, ceci n'est possible que si vous photographiez au format JPEG. Nikon appelle ces réglages « optimisation de l'image » et Canon les nomme « styles d'image ». Ils permettent tous deux d'obtenir des couleurs plus vives. Voici comment procéder.

**Nikon.** Ouvrez le menu Prise de vue, et choisissez Régler l'optimisation d'image. Sélectionnez Saturée, et choisissez OK. Ainsi, lorsque vous photographierez au format JPEG, vos paysages présenteront des couleurs plus vives.

**Canon.** Accédez aux menus. Dans le menu Prise de vue, choisissez Style d'image. Enfin, optez pour Paysage. Vos photos JPEG de paysages présenteront des couleurs plus vives.

# Effacer plus tôt que plus tard

Lorsque je photographie en voyage, je prends l'habitude de procéder à mon éditing sur place. Je veux dire ici que, lorsque je trouve que ma photo est floue, ou encore surexposée, voire totalement ratée, je l'efface immédiatement de la carte mémoire. Il n'y a aucune raison de conserver ces photos. Elles occupent inutilement de l'espace sur votre carte, et elles en occuperont aussi sur le disque dur de votre ordinateur au moment du transfert de vos photos depuis l'appareil photo numérique. Une fois sur l'ordinateur, vous finirez par les supprimer. Alors, autant le faire tout de suite. Vous gagnez à la fois du temps et de l'espace de stockage. Je procède à cet éditing lorsque je fais une pause, dans un café ou un snack, par exemple. Je consulte les images enregistrées, et je supprime les plus mauvaises.

*Obturation : 1/200 s Ouverture : f/8 ISO : 200 Focale : 200 mm | Photo Scott Kelby*

# 6

# Photographier des modèles comme un pro

## Encore plus d'astuces pour améliorer l'apparence de ses modèles

Comment est-il possible de vous donner des conseils pour améliorer l'apparence des personnes que vous photographiez ? C'est très facile : avez-vous déjà regardé les gens de près ; je veux dire de très près… de très très près ? Faites-le et vous verrez comme c'est effrayant. Bien entendu, je ne parle ni de vous ni de moi, mais des autres. Voici un exemple de représentation : prenez un homme de plus de 12 ans. Généralement, il a des poils dans le nez, dans les oreilles et sous les dessous de bras. Et plus cet homme vieillit, plus cette pilosité devient importante. Elle s'étend sur les jambes et parfois même sur le corps. Comment photographier cet homme de Neandertal et le faire passer pour un homme moderne, c'est-à-dire un vrai miracle de l'évolution ? Eh bien, nous allons chercher à l'éclairer correctement en utilisant la lumière naturelle, ou celle d'un studio, voire en combinant les deux. L'homme pourra donner l'illusion qu'il est imberbe tant que nous n'y regardons pas de trop près. Ce que je viens de dire vaut pour tous les hommes, à l'exception de George Clooney (*What else*). Et la femme dans tout ça ? Objectivement, elle ne sera pas aussi poilue qu'un homme. Bien entendu, il y a des exceptions. Dans certains cirques, il vous sera possible de photographier la Femme à barbe. Mais, dans ce cas-là, vous ferez tout pour faire ressortir cette pilosité car, sincèrement, la Femme à barbe, on ne peut pas la louper !

# Quand le modèle est mal à l'aise, lui donner un accessoire

SCOTT KELBY

Bien souvent, les modèles photographiés ne savent pas quoi faire de leurs mains. Si vous vous trouvez confronté à cette situation, confiez-lui un accessoire. Instantanément, le modèle se sentira plus à l'aise, occupant ses mains d'une manière très naturelle. Bien entendu, cela se traduira positivement sur votre photographie. Vous pouvez adapter les accessoires au modèle. Par exemple, si vous photographiez un peintre, donnez-lui des pinceaux ! Vous immortalisez une nutritionniste ? Qu'elle tienne une pomme ! Croyez-moi, les idées ne manquent pas. Dès qu'un modèle a les mains occupées, la séance de prise de vue se déroule beaucoup mieux. L'intérêt de vos images s'en trouve renforcé.

# Les avantages de poser assis

SCOTT KELBY

Lorsque le modèle doit poser debout, il n'est jamais très à l'aise. Il se sent perdu dans ce vaste espace vide qu'est un studio. Pour cette raison, de nombreux photographes font asseoir leurs modèles. Si vous sentez votre modèle un peu tendu, ne sachant pas trop comment se positionner, prenez une petite table et asseyez-le dessus comme sur la photo ci-dessus. Votre sujet prend alors une tout autre allure.

## Utiliser un tabouret de pose

*Vous pouvez asseoir votre modèle sur une chaise normale. Toutefois, vous pouvez acheter un tabouret spécial qui s'ajuste en hauteur. Ce genre de tabouret est très discret. Dans le même ordre d'idée, vous pouvez choisir une table qui se règle en hauteur, ou bien vous offrir un kit complet disponible auprès de B&H.*

# Photographier en plongée

SCOTT KELBY

Les prises de vue en hauteur ne sont pas souvent exploitées en photographie. Pourtant, photographier du deuxième étage d'un immeuble ou depuis le pont d'un bateau offre un point de vue inhabituel. Ce type de cadrage en plongée donne d'excellents résultats pour quasiment tous les sujets. Cela va de la mariée entourée de ses demoiselles d'honneur à une scène à la terrasse d'un café. L'image ci-dessus a été prise depuis la fenêtre de ma chambre d'hôtel lors de mes dernières vacances. Dès que vous souhaiterez montrer les choses sous une perspective différente, et tant que vous n'êtes pas sujet au vertige, essayez de vous placer en hauteur de manière à photographier en plongée.

## Faites-leur lever une jambe !

*Si vous placez le pied de votre modèle sur une boîte, vous obtenez deux choses : (1) une amélioration de sa posture avec de belles lignes qui se dessinent ; (2) une amélioration des sensations ressenties par votre modèle, qui ne se sent plus bêtement posé devant vous à attendre que vous appuyiez sur le déclencheur. De nombreux photographes utilisent cette astuce, et ceci que le sujet soit assis ou debout. Inutile d'utiliser une boîte très haute. Elle peut faire 15 à 20 cm de hauteur. Cela suffit à donner un peu d'exotisme à la position de votre modèle.*

# Photographier de trois quarts ? Regarder un objet précis

SCOTT KELBY

L'un des trois modes de prises de vue les plus populaires pour les portraits consiste à cadrer de trois quarts le visage du sujet en veillant à ce qu'il pose son regard vers l'horizon. Ici, l'angle sera d'environ 45°. Regardez la photo ci-dessus. Le visage est très légèrement tourné vers l'objectif, mais le regard se fixe à l'opposé. Vous ne voyez pas l'oreille située de l'autre côté du visage. Le plus difficile dans ce genre de portrait est non pas de trouver la position de trois quarts mais d'éviter que le blanc des yeux soit proéminent. Cette proéminence donnera un portrait bien peu réaliste, et à la limite de l'effroi. Voici une astuce pour éviter cela : demandez au modèle de regarder un objet particulier de la pièce où vous le photographiez. Dès que le sujet regarde un point précis, vous voyez nettement ses iris et très peu le blanc des yeux. Cette technique est très utile lorsque vous travaillez avec des modèles professionnels car ils prennent différentes poses durant toute la séance photo. Si vous leur demandez de regarder un objet précis dès que le visage est pris de trois quarts, leur regard se posera systématiquement sur l'objet en question.

# Installer tout le matériel avant l'arrivée du modèle

Lorsque vous travaillez en studio, votre modèle doit se sentir le plus à l'aise possible. Il faut le détendre autant que faire se peut. Par conséquent, vous ne devez jamais le faire attendre. Dans votre studio, tout doit être prêt pour la séance de prises de vue. Les éclairages seront donc en place, l'appareil photo, prêt à être utilisé, et tout aura été préalablement testé. En un mot, vous n'attendiez plus que votre superbe modèle. En effet, il est pénible pour un modèle d'être obligé d'attendre pendant une demi-heure que vous ayez fini de tout installer. Les pros préparent tout à l'avance, recevant leurs modèles comme des princes et des princesses (bon, enfin, n'exagérons rien !).

# Profondeur de champ très étroite

SCOTT KELBY

La profondeur de champ très faible (ou étroite) est particulièrement à la mode. Dans ce genre de prise de vue, quasiment tout est flou sauf votre modèle. Pour créer ce type d'image, conformez-vous aux deux étapes suivantes. (1) Vous devez disposer d'un objectif qui permet de photographier avec une ouverture de diaph très élevée (comme f/1.8 ou f/1.4). Utilisez un objectif à focale fixe de 50 mm. Ceci est parfait car ce genre d'objectif ne coûte pas cher. (2) Pour les portraits photographiés dehors, vous devez ouvrir énormément le diaphragme. Il faut également photographier un jour où le ciel est couvert, ou bien encore dans une allée fortement ombragée, ou bien enfin au début du coucher du soleil, c'est-à-dire quand la lumière ambiante commence à beaucoup faiblir. Si ces conditions ne sont pas réunies, le fait d'ouvrir le diaph en appliquant une valeur f-stop très faible surexposera votre photo. Gardez cette technique dans un coin de votre tête afin de la mettre en pratique dès que le ciel sera couvert. Bien entendu, photographiez sans cadrer le ciel. Faites très attention à votre mise au point. Il suffit ici d'un rien pour que la totalité de l'image soit floue. Donc, faites le point sur les yeux du modèle sachant que tout ce qui se trouvera au-delà de ce regard sera plus ou moins flou.

# Utiliser un tri-flector

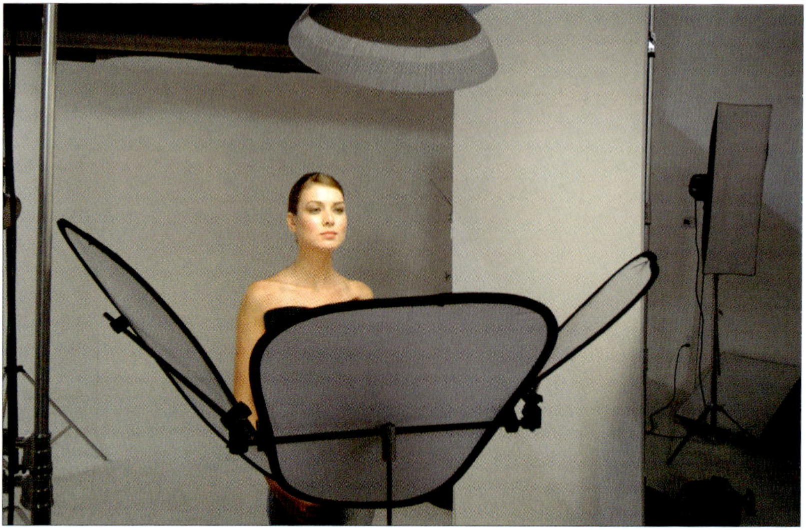

Le tri-flector est un réflecteur quasi indispensable pour faire de beaux portraits de mode. Il s'agit d'un réflecteur qui se compose de trois volets fixés sur une barre horizontale très mince. Des charnières permettent d'ouvrir un, deux ou trois volets et de les écarter avec une grande précision afin de bien localiser la lumière sur le visage. Ces trois volets permettent de réfléchir la lumière sur le visage mais aussi sur ses côtés. L'éclairage obtenu est très propre, et d'un rare éclat. Cela explique la réussite des photos de mode ! Le tri-flector présente un autre avantage : il permet d'obtenir de magnifiques reflets de lumières dans les pupilles du sujet. Il existe de nombreux fabricants de tri-flector. Celui que j'utilise est un Trilite de Lastolite. Il dispose de réflecteurs argent d'un côté et blancs de l'autre. Ce matériel est très léger, facile à mettre en œuvre. Petit bémol : le prix est assez élevé.

# Diffuser la lumière du soleil avec un scrim (tarlatane)

Vous vous êtes probablement demandé comment les pros parvenaient à faire de magnifiques portraits à l'extérieur malgré la lumière directe du soleil. C'est le cas sur les plages, ou encore sur n'importe quel site au beau milieu d'un après-midi ensoleillé. Voici leur secret : ils ne peuvent pas faire de belles photos ! Les professionnels sont comme les autres : ils détestent la lumière directe du soleil. Alors, comment font-ils malgré tout ? Ils placent tout simplement un diffuseur au-dessus du modèle. Cet accessoire imposant va diffuser et adoucir la lumière directe du soleil. Envisagez ce diffuseur comme une sorte de boîte à lumière géante qui répartirait équitablement la lumière du soleil. L'intérêt de ce diffuseur est d'être particulièrement léger et donc facilement transportable. Bien que cher, il n'est pas hors de prix puisque vous pouvez trouver des scrims de 2 × 2 m aux environs de 350 euros. Une fois que vous disposez de ce type de diffuseur, vous devez trouver un moyen de le fixer pour qu'il serve de rempart entre le soleil et votre modèle. On le place généralement au-dessus de la tête du sujet, comme un toit protecteur, ou bien derrière lui, ou encore latéralement avec un angle de 45°. La tarlatane est très légère. Il est donc possible de demander à votre assistant de servir de support. Vous pouvez également utiliser des pieds d'éclairage. Dans ce cas, vous fixez ce diffuseur sur les deux pieds avec des crochets spéciaux. Ils vont maintenir le diffuseur mais aussi en permettre l'inclinaison. En fonction de l'heure de la journée où vous envisagez de réaliser vos prises de vue, vous souhaiterez peut-être emporter un réflecteur et des flashs.

# Sur la plage abandonnée…

Photographier sur une plage présente aussi son lot de défis à relever. Avant de vous lancer dans cette aventure, vous devez considérer un certain nombre de paramètres. Le premier est… le sable ! C'est l'ennemi juré du matériel photo. Il suffit d'une légère brise pour que votre équipement se retrouve exposé à un grand danger. Le sable s'infiltre partout. Donc, sur la plage, lorsque vous devez changer d'objectif, courez vite vous réfugier dans votre voiture, et enfermez-vous-y à double tour. Ou bien mettez le boîtier dans un sac bien hermétique pour procéder au changement d'objectif. Une fois que vous avez fini votre séance de prise de vue sur la plage, rentrez dans votre studio, et nettoyez l'extérieur de votre appareil photo numérique et de vos objectifs. Ceci est d'autant plus important si vous avez réalisé vos prises de vue à proximité de la mer, qui, comme chacun sait, est de nature salée. Lorsque vous photographiez sur une plage, pensez à emporter tout un tas de choses qui n'ont rien à voir avec la photo en elle-même. Ainsi, prenez des bouteilles d'eau pour toute votre équipe. N'oubliez pas des rechanges et des serviettes, notamment si vous pensez photographier votre modèle dans l'eau. Enfin, pour éviter de développer un cancer de la peau, protégez-vous avec un écran total dont vous renouvellerez l'application régulièrement.

# Photographier dans la rue

De nombreux photographes célèbres se sont spécialisés dans la photographie urbaine. Ils saisissent de petits instants de la vie quotidienne. Mais, aujourd'hui, il est plus difficile de photographier les gens qu'autrefois. Ils sont méfiants, et surtout usent et abusent de leur droit à l'image. Malgré cela, le travail de photographe doit se faire. Voici quelques astuces pour photographier plus librement dans les rues. Tout d'abord, utilisez un petit objectif. Il peut s'agir d'un zoom mais de petite dimension. En effet, plus l'objectif que vous utilisez est long et plus les gens sont méfiants. Vous ne pouvez plus passer pour un simple touriste ! Très vite on vous considérera comme un paparazzi, c'est-à-dire une personne méprisable car méprisante du respect de la vie privée. Je vous conseille également d'enlever le pare-soleil de l'objectif. Si vous le laissez en place, vous avez immédiatement l'air d'un professionnel. Une autre astuce consiste à ne jamais regarder dans les yeux une personne que vous souhaitez photographier. Prenez votre cliché le plus naturellement du monde, comme si de rien n'était. Ensuite, poursuivez votre chemin. Cependant, dans de petites villes, voire des villages, l'accueil des habitants est plus chaleureux. Il suffit de sourire aux gens pour qu'ils vous laissent les photographier. Montrez-leur la photo sur l'écran LCD de votre appareil. Vous serez surpris de voir qu'ils collaboreront plus aisément et plus longtemps. Pour obtenir la collaboration de ces personnes, vous devez avant tout les respecter. Si elles refusent d'être photographiées, ou bien si elles vous lancent un regard accusateur dès que vous visez dans leur direction, ne les prenez pas en photo.

# Autorisation d'utiliser l'image du modèle

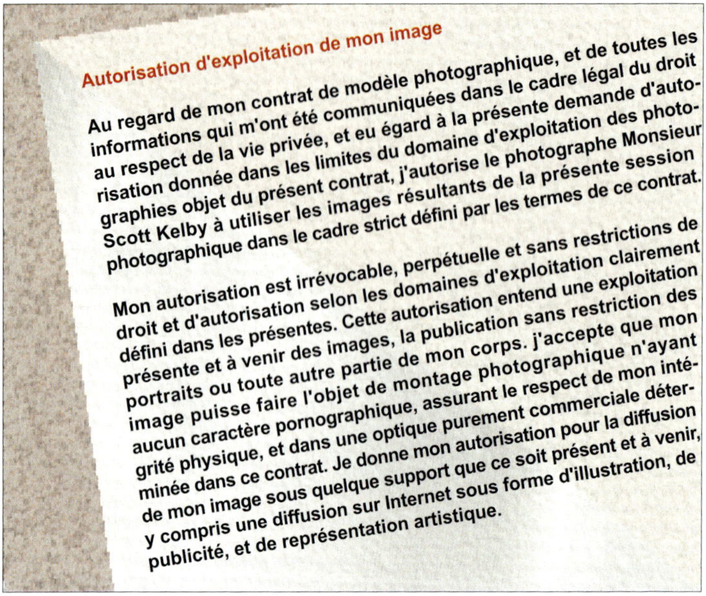

Autorisation d'exploitation de mon image

Au regard de mon contrat de modèle photographique, et de toutes les informations qui m'ont été communiquées dans le cadre légal du droit au respect de la vie privée, et eu égard à la présente demande d'autorisation donnée dans les limites du domaine d'exploitation des photographies objet du présent contrat, j'autorise le photographe Monsieur Scott Kelby à utiliser les images résultants de la présente session photographique dans le cadre strict défini par les termes de ce contrat.

Mon autorisation est irrévocable, perpétuelle et sans restrictions de droit et d'autorisation selon les domaines d'exploitation clairement défini dans les présentes. Cette autorisation entend une exploitation présente et à venir des images, la publication sans restriction des portraits ou toute autre partie de mon corps. j'accepte que mon image puisse faire l'objet de montage photographique n'ayant aucun caractère pornographique, assurant le respect de mon intégrité physique, et dans une optique purement commerciale déterminée dans ce contrat. Je donne mon autorisation pour la diffusion de mon image sous quelque support que ce soit présent et à venir, y compris une diffusion sur Internet sous forme d'illustration, de publicité, et de représentation artistique.

Si vous photographiez une personne à des fins commerciales, et ceci qu'il s'agisse d'un ami ou d'un modèle professionnel, faites-lui signer un papier par lequel il vous autorise à utiliser son image. Faites signer cette autorisation quand le modèle est encore dans votre studio. Elle vous donne le droit d'utiliser la photographie dans des publicités, des brochures, des sites web, ou encore de vendre l'image à un site spécialisé dans les collections de photographies. Vous devez préciser les limites de l'utilisation de ces photos. Il serait embarrassant que vous, ou votre client, soyez poursuivi en justice pour utilisation frauduleuse de photographies. Les modèles professionnels sont habitués à signer ce genre de « contrat ». C'est leur travail de poser à des fins commerciales. Lorsque vous travaillez avec un ami ou un collègue, expliquez-lui que vous avez besoin de son autorisation car c'est la loi qui l'impose. Personnellement, je n'ai jamais essuyé de refus. Maintenant se pose le problème de savoir où trouver pareille autorisation. Aux États-Unis, visitez le site **http://asmp.org/commerce/legal/releases/** ; en France, téléchargez ces autorisations à l'adresse **http://blog.fotolia.com/france/faq/photographe/autorisation.html**. Vous pouvez également taper ceci dans un moteur de recherche comme Google : « modèle d'autorisation droit à l'image ». Les lois varient d'un pays à l'autre, voire, aux États-Unis, d'un État à un autre. Donc, lorsque vous photographiez en voyage, renseignez-vous sur la législation en vigueur en matière de respect du droit à l'image.

# Le sourire n'est pas obligatoire

SCOTT KELBY

Lorsque nous photographions un portrait, la sempiternelle requête tombe : « Allez, un petit sourire ! » Mais voilà, le sourire n'est pas adapté à toutes les circonstances. Dans la vie, passons-nous notre temps à sourire ? Non ! Lorsque vous posez pour un portrait et que l'on vous force à sourire, en quoi ce sourire peut-il être naturel ? Vous photographiez un sourire forcé qui ne délivre donc aucune émotion. C'est le même sourire que vous arborez depuis que vous êtes enfant. Lorsque vous désirez capturer une certaine profondeur chez vos modèles, une émotion réelle, et imposer un certain réalisme, ne leur demandez pas de sourire (comme sur la photo ci-dessus).

## Il n'est pas impératif de regarder vers l'objectif

*Nous avons également l'habitude de demander au modèle de regarder droit dans l'objectif. Il ne faut pas nier l'intérêt que présentent certaines de ces photographies. Toutefois, si vous désirez obtenir davantage d'intensité dans les visages, demandez à votre sujet de poser son regard loin de l'objectif. Gardez ce conseil à l'esprit lors de votre prochaine séance de portraits. Vous serez surpris du résultat obtenu.*

# Surexposer

Voici une méthode pour obtenir des portraits différents : la surexposition. Elle permet de masquer certains détails et d'ajouter une dimension féerique. La photo semble avoir été prise à la lumière du petit matin. Voici comment procéder : prenez votre photo en laissant l'appareil régler automatiquement l'exposition. Ensuite, augmentez la valeur de correction d'exposition. Elle impose à l'appareil de surexposer l'image, c'est-à-dire de la rendre plus claire. Sur les appareils Nikon, il suffit de maintenir enfoncé le bouton de correction d'exposition situé au-dessus du boîtier juste derrière le déclencheur. Ensuite, tournez la molette principale de manière à fixer la valeur de correction sur +1. Cela signifie que vous allez surexposer d'un diaph. Sur les appareils Canon, vérifiez que l'interrupteur marche/arrêt est sur sa position la plus haute, c'est-à-dire au-delà de On. Ensuite, appuyez sur le déclencheur à mi-course. Regardez l'écran LCD supérieur, et tournez la molette vers la droite jusqu'à ce que la valeur +1 s'affiche. Maintenant, prenez la photo, et regardez le résultat sur le contrôleur LCD situé à l'arrière de l'appareil. Si l'image n'est pas assez claire, augmentez la valeur de correction d'exposition et prenez un autre cliché test. Réalisez ces tests jusqu'à ce que vous obteniez l'image escomptée.

**Cette technique ne marche pas en mode Manuel**

*La correction d'exposition est possible dans tous les modes à l'exception du mode Manuel.*

# Raconter une petite histoire

SCOTT KELBY

Si vous souhaitez capturer la personnalité d'un enfant sans le faire poser, soyez prêt à déclencher pendant que cet enfant découvre le studio et/ou y fait l'idiot. Ensuite, dans un même cadre photo, mettez 3 à 5 poses de situations improvisées par l'enfant comme sur la photographie ci-dessus. Vous pouvez ainsi raconter une petite histoire. Par expérience, je peux vous dire que parents et enfants adorent cela.

## Astuce pour photographier un beau visage de nouveau-né

*Il est très difficile d'obtenir de beaux visages de nouveau-nés car leur tête est souvent un peu plate. L'astuce consiste à rendre ce visage plus rond. Pour cela, il faut éclairer correctement le bébé, soit en le déplaçant, soit en bougeant votre éclairage de telle sorte qu'un côté du visage se trouve dans l'ombre. Ceci donne de la profondeur, rendant miraculeusement ce visage bien plus rond qu'il ne l'est en réalité.*

# Ne pas rester derrière l'appareil photo

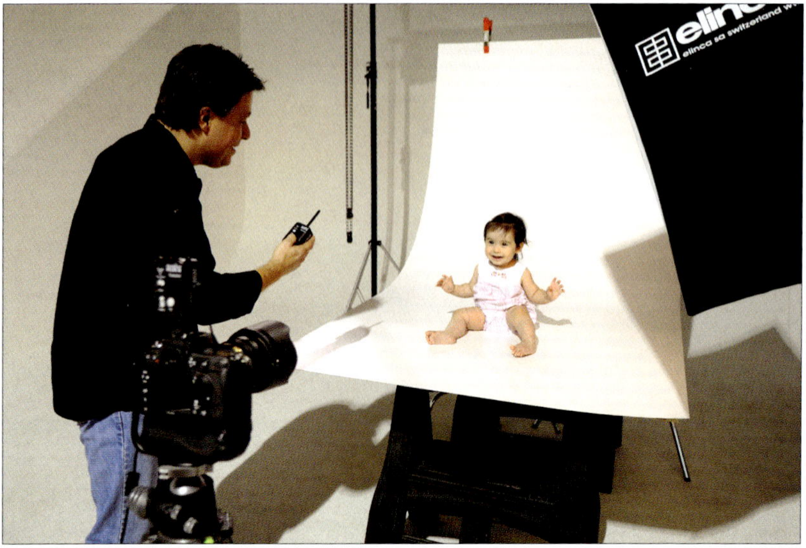


J'ai appris une formidable astuce de mon ami Jack Resnicki, un spécialiste des photos d'enfants. Il les photographie pour des publicités. Jack installe son appareil sur un trépied. Ensuite, au lieu de rester derrière le viseur, il se place devant l'appareil, accroupi ou assis, pour attirer l'attention de l'enfant. L'interaction entre ce bébé et lui peut commencer. Jack parvient alors à capter des réactions et des émotions qui sont très difficiles à obtenir lorsque vous restez caché derrière votre appareil. Pour travailler comme Jack, achetez un déclencheur sans fil. Voilà ! Il n'y a plus que vous et votre jeune modèle, l'appareil photo étant alors complètement oublié.

## Une seule personne doit attirer l'attention de l'enfant

*Si la maman, le papa et la mamie sont dans le studio, ils essaieront tous d'attirer l'attention de l'enfant, et vous courrez à la catastrophe. Le problème est que ces personnes se placent dans différents endroits du studio. L'enfant ne sait plus qui regarder. Choisissez alors une seule personne pour attirer l'attention du bébé, et placez-la à côté de l'appareil photo.*

# Ne pas photographier les enfants en plongée

La plupart des gens photographient les enfants de leur point de vue, c'est-à-dire à hauteur d'homme. Donc, très souvent, les enfants sont photographiés en plongée. Cette position ne permet pas d'innover dans les cadrages. Croyez-moi, vous obtiendrez systématiquement des clichés très moyens. Que faire ? Tout simplement photographier à la hauteur de ces charmantes têtes blondes. Mettez-vous à genoux, ou bien asseyez-vous par terre pour réaliser des prises de vue originales. Cette simple posture de votre part va faire toute la différence entre vos photos d'enfants et celles des autres.

### Les accessoires marchent aussi pour les enfants

*Si les adultes sont intimidés par un appareil photo, imaginez ce qu'il en est des enfants lorsqu'ils se retrouvent dans un studio plein d'éclairages, de pieds et de matériels en tout genre. Pour les détendre, utilisez la même astuce qu'avec les adultes : donnez-leur un accessoire. Pour les enfants, un jouet ou une peluche fera parfaitement l'affaire. Ils oublieront qu'ils sont face à un appareil photo et dans un lieu totalement inhabituel.*

*Obturation : 1/4 000 s   Ouverture : f/4   ISO : 400   Focale : 200 mm | Photo Scott Kelby*

# 7

# Photographier les événements sportifs comme un pro

## Comment obtenir des photos sportives d'une qualité professionnelle

Photographier une rencontre sportive, notamment lorsqu'un membre de votre famille y participe, est l'une des choses les plus complexes, frustrantes, les plus folles, les plus émouvantes, les plus vibrantes, les plus laborieuses, et aussi les plus drôles que vous ayez à faire en tant que photographe. Et je sais de quoi je parle puisque je passe une grande partie de mon temps à photographier des événements sportifs qui vont des courses de motos au football américain en passant par des rencontres de base-ball. En quoi la photo sportive est-elle aussi pénible ? Eh bien, dans le fait que les rencontres sportives sont émaillées de longs moments où il ne se passe absolument rien. Dans ces instants de grande solitude, les photographes entament la conversation pour oublier le prix d'un équipement qui, à cet instant précis, ne leur sert absolument à rien. Ce budget aurait pu leur permettre d'acheter une belle voiture, d'améliorer le confort de leur maison ou encore d'envoyer un de leurs enfants dans une grande école. Au lieu de cela, ils attendent la fin d'un temps mort, ils pensent à toute cette route qu'il a fallu parcourir pour venir jusqu'ici et qu'il faudra parcourir pour en repartir. Il y en a même qui en profitent pour leur proposer le Volume 3 d'un livre, alors que tout ce qu'ils demandent, c'est un peu de compassion, un bon monopied et de l'Ibuprofène.

# ISO automatique : geler l'action !

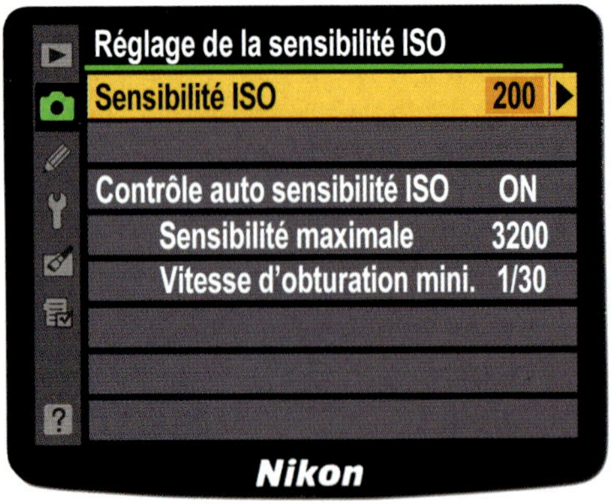


Si vous photographiez un sport qui nécessite de geler l'action, comme du football, du basket-ball ou du handball, vous devez utiliser une vitesse d'obturation très rapide, c'est-à-dire aux alentours de 1/1000 de seconde. Ceci est très facile à réaliser lorsque le temps est au beau fixe et que vous pouvez fermer à 2.8 ou à 4. Des problèmes peuvent survenir lorsque votre vitesse d'obturation doit être réglée en dessous de 1/1000 de seconde. Les photos risquent d'être floues. Pour cette raison, vous allez tomber follement amoureux de la fonction de réglage automatique de la sensibilité ISO. Elle maintient une vitesse d'obturation qui assure la netteté de vos photos. En effet, la sensibilité ISO augmente automatiquement dès que les conditions d'éclairage sont insuffisantes. Comprenez bien que cette modification de la sensibilité ISO ne se fait pas selon les paliers habituels, c'est-à-dire en passant de 200 à 400. Non, elle s'ajuste très précisément et pourra, par exemple, passer de 200 à 273 ISO, c'est-à-dire une valeur que vous ne pouvez pas déterminer manuellement. Sur les appareils Nikon, vous devez ouvrir le menu Prise de vue et choisir Réglage de la sensibilité ISO. Ensuite, entrez dans Vitesse d'obturation mini, et indiquez alors la vitesse d'obturation minimale qui doit être préservée, c'est-à-dire à partir de laquelle la fonction de sensibilité ISO automatique va se mettre en œuvre. Puis activez le paramètre Contrôle auto sensibilité ISO. Désormais, toutes vos photos seront nettes quelles que soient les conditions d'éclairage. Sur les appareils Canon, regardez l'écran LCD, et tournez la molette principale située au-dessus de l'appareil pour régler le paramètre ISO sur A.

# Boutons de mise au point supplémentaires

Si vous photographiez des événements sportifs en utilisant une longue optique (200 mm au minimum), vous disposerez souvent d'un ou de plusieurs boutons de mise au point sur le barillet de l'objectif. Ces boutons permettent de verrouiller la mise au point. Ainsi, pendant l'action, vous n'avez qu'à appuyer rapidement sur le déclencheur pour prendre la photo. Cependant, il existe une petite fonction assez méconnue qui permet d'obtenir les meilleures photos qui soient malgré une action engageant différents joueurs situés à différentes distances les uns des autres. Cette distance pose, bien entendu, des problèmes de mise au point, donc de netteté. Prenons l'exemple d'une partie de base-ball. Supposons qu'il y ait un joueur en première base. Le jeu va inévitablement se poursuivre vers la deuxième base. Donc, commencez par faire la mise au point sur cette deuxième base. Ensuite, activez le bouton de verrouillage de la mise au point. Après cela, activez la fonction AE Lock de votre appareil. Ainsi, au lieu de faire la mise au point quand vous appuyez sur le déclencheur, vous la ferez quand vous appuierez sur le bouton AE Lock situé à l'arrière du boîtier. Puis pointez l'appareil vers le batteur, et appuyez sur le bouton de mise au point (AE Lock) de manière à faire le net sur lui. Lorsqu'il fait son geste, prenez la photo en appuyant sur le déclencheur. (Vous pouvez photographier rapidement car vous n'avez pas à attendre que l'appareil effectue la mise au point. Elle a déjà été faite quand vous avez appuyé sur le bouton AE Lock.) S'il réussit à frapper la balle, visez immédiatement la deuxième base, et appuyez sur le second bouton de mise au point du barillet de l'objectif. Il se souvient de la mise au point que vous avez verrouillée sur cette deuxième base. Il ne vous reste plus qu'à attendre le joueur et à appuyer au bon moment sur le déclencheur. Ces deux zones, c'est-à-dire celle du batteur et la deuxième base, seront parfaitement nettes. L'action n'aura donc pas échappé aux yeux de lynx de tout bon photographe qui se respecte.

# Photographier des rencontres nocturnes avec une sensibilité ISO très élevée

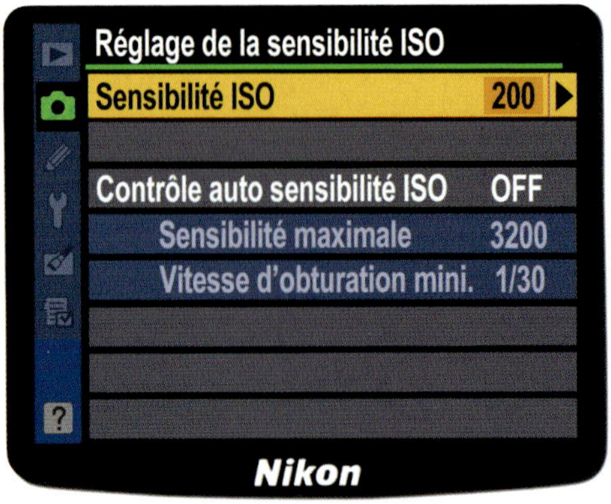


Une des choses les plus surprenantes en matière sportive est de constater que les terrains de jeu ne sont pas aussi bien éclairés que cela. S'ils le sont pour les joueurs et le public, ils ne le sont pas pour les appareils photo. Le problème est qu'ici vous ne pouvez pas photographier comme dans un musée car vous devez figer l'action. Comme je le mentionne plus haut, la vitesse d'obturation doit être d'au moins 1/1000 de seconde. Je vais vous donner un exemple du problème que cela soulève. Lorsque je photographie un match nocturne des Chicago Bears au Solider Field de Chicago, je dois définir une sensibilité de 4000 ISO pour photographier à 1/1000 de seconde. Comme la lumière artificielle des terrains de jeu est insuffisante pour les appareils photo numériques, vous pouvez aujourd'hui choisir des valeurs ISO très élevées sans pour autant introduire trop de bruit dans vos images. C'est le cas avec des appareils comme le Mark III de Canon et avec les Nikon D700 et D3. Le bruit est quasi indécelable à 6400 ISO. Si vous utilisez des appareils photo numériques d'entrée et de moyenne gamme, des valeurs ISO élevées vont introduire tellement de bruit qu'il deviendra le sujet même de vos images. Donc, bien que je n'aime pas vous faire dépenser de l'argent, je dois admettre qu'en matière de photographie sportive un investissement dans un appareil d'excellente facture s'impose.

# Photographier depuis la zone d'en-but

SCOTT KELBY

Si vous photographiez un match de football, vous vous placerez probablement le long de la ligne de touche. (Et ceci qu'il s'agisse du football européen ou américain.) De ce fait, vous allez passer le plus clair de votre temps à éviter l'entraîneur, les arbitres de touche, les caméras, les joueurs qui s'échauffent, et bien évidemment les autres photographes. Il sera très difficile de trouver un emplacement qui vous permettra de prendre la photo. Pour cette raison, vous verrez de nombreux photographes professionnels prendre place derrière la ligne d'en-but. Cet emplacement est en général totalement dégagé. Cependant, vous devez choisir votre camp. Si l'action se déroule dans l'en-but opposé à celui où vous êtes installé, il va être difficile de prendre des photos.

# Les deux photos les plus populaires

SCOTT KELBY

SCOTT KELBY

À chaque session de photographies sportives, nous sommes tous à la quête du « Saint Graal ». Nous voulons la photo susceptible d'être publiée dans un magazine. En effet, il suffit de feuilleter un journal sportif pour trouver des photos absolument incroyables. Se pose alors la question suivante : quel genre de photos intéresse principalement ces magazines ? Pour répondre à cette question, il m'a fallu faire quelques recherches : (1) des images d'action pure, c'est-à-dire quand la balle se trouve dans le même cadre que le sportif ; (2) des congratulations entre les joueurs qui viennent de gagner un match. Occasionnellement, les magazines publient la photo très émouvante d'un athlète éprouvé par une sévère défaite. Quel que soit le sport photographié, le type de photo recherchée reste le même.

# Dès que la photo est faite, changez de place !

SCOTT KELBY

Lorsque vous photographiez un événement sportif dans lequel vous n'avez pas d'intérêt personnel comme un membre de votre famille faisant partie de l'équipe, voici ce que vous devez garder à l'esprit : imaginez que vous photographiez une rencontre de football américain. Dès que vous avez pris de magnifiques photos du *quaterback* au moment où il frappe la balle avec son pied (comme sur la photo ci-dessus), déplacez-vous ! C'est à cette seule condition que vous pourrez prendre des photographies très variées. Cette variation est importante. Il ne faut surtout pas rester au même emplacement pendant toute une journée. Donc, dès que vous avez pris « la photo » d'un joueur, il n'y a plus aucun intérêt à insister sur lui. Déplacez-vous afin de photographier le match sous un autre angle, un joueur dans une autre position, ou bien pour coller à l'action. À la fin de la rencontre, vous pourrez clamer haut et fort que vous n'avez pas « la photo », mais « les photos ! » de ce match.

# Désactiver les signaux sonores

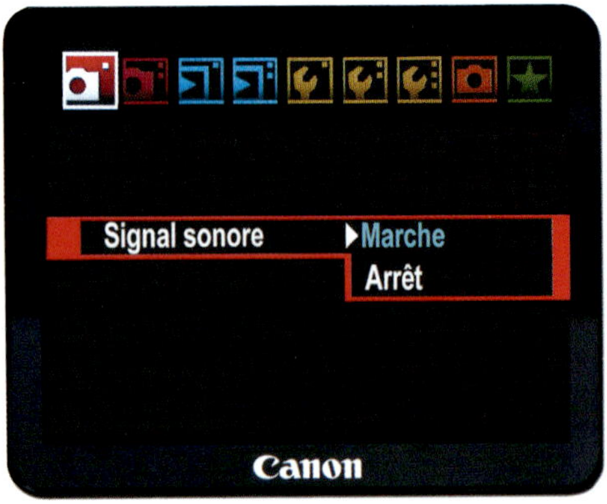


Dans certains sports, comme le tennis ou le golf, le silence est de rigueur. Il est donc impératif de désactiver le signal sonore émis par votre appareil photo dès que l'autofocus a effectué une mise au point correcte. Il vous suffit alors de regarder dans le viseur pour savoir que la mise au point automatique est bonne. En règle générale, un petit voyant s'allume. Ainsi, seul le bruit émis par l'obturateur sera audible. Pour désactiver le signal sonore sur un Nikon, ouvrez le menu Réglages personnalisés, puis choisissez le sous-menu Prise de vue/Affichage. Ensuite, sélectionnez Signal sonore, et mettez-le en position Désactivé. Sur les appareils Canon, allez dans le menu Prise de vue 1, choisissez Signal sonore, et configurez-le sur Arrêt comme vous pouvez le voir ci-dessus.

# Activer la mise au point en continu

Lorsque vous photographiez des événements sportifs, vous allez probablement modifier la manière dont s'effectue la mise au point automatique. Il est très important de pouvoir figer les actions. Or les actions en elles-mêmes (sauf parfois au rugby) consistent en des déplacements très rapides des joueurs. Comment faire pour effectuer la mise au point lorsque vous suivez le déplacement d'un joueur ? Il suffit d'activer la fonction de mise au point en continu. Sur les appareils Nikon, vous placerez le commutateur de mise au point automatique sur la position C. Cette lettre signifie *Continuous-Servo*, c'est-à-dire mise au point automatique en continu. Sur les appareils Canon, vous activerez une fonction appelée AI Servo AF. Pour cela, il suffit d'appuyer sur le bouton AF-Drive situé sur le dessus du boîtier de l'appareil. Ensuite, tournez la molette principale jusqu'à ce que la mention AI Servo s'affiche sur l'écran LCD supérieur.

# Figer un mouvement ne donne pas toujours une bonne photo

SCOTT KELBY

Si vous photographiez un sport mécanique, le fait de figer l'action donnera rarement une bonne photo. Prenez l'exemple d'une course de voitures. Si tout le contenu de votre cadre est parfaitement figé, c'est-à-dire parfaitement net, vous perdrez la notion de vitesse. De même, vous ne capturez pas la rotation des roues. En d'autres termes, vous obtiendrez une image montrant une voiture à l'arrêt. Cet exemple vaut pour les courses de motos ou bien encore pour les acrobaties aériennes. Pour éviter ce genre de déconvenue, réduisez la vitesse d'obturation. Fixez-la entre 1/250 et 1/360 de seconde. Ensuite, photographiez en suivant l'objet qui se déplace, c'est-à-dire en faisant un panoramique. La vitesse de rotation est suffisamment lente pour voir les roues tourner tout en obtenant une sensation de vitesse en rendant le premier et l'arrière-plan flous.

# Focaliser l'attention sur le sujet principal

SCOTT KELBY

Lorsque vous photographiez une rencontre sportive réunissant des enfants, voici une astuce qui donnera à vos photos un aspect résolument professionnel : évitez impérativement les éléments qui détournent l'attention comme des barrières, le parking des voitures, une route à proximité du terrain de jeu ou bien encore des personnes situées à l'arrière-plan. La photo que vous obtiendrez sera d'autant plus intéressante si vous photographiez au grand-angle (en utilisant une valeur d'ouverture très faible telle que f/2.8 ou f/4), qui rend systématiquement l'arrière-plan complètement flou.

# Contrôler la lumière du soleil

SCOTT KELBY

Si vous photographiez un match qui se déroule en plein jour, pensez toujours à la position du soleil par rapport à vous-même. Il doit systématiquement se situer au-dessus de vos épaules lorsque vous prenez une photo. Ainsi, les joueurs seront éclairés par la lumière du soleil. Cela permettra de bien saisir l'expression de leur visage. Si vous ne respectez pas cette règle, les joueurs se retrouveront dans l'ombre, chose qui est très gênante s'ils portent des casques comme dans les matchs de football américain.

# Photographier en position basse

MATT KLOSKOWSKI

La prochaine fois que vous assisterez à un événement sportif, observez les emplacements occupés par les photographes. Regardez également la posture qu'ils adoptent. Vous constaterez qu'ils se tiennent souvent en appui sur un genou. Ils photographient dans ce que l'on appelle une basse position. Quel que soit le sport, de la course de motos au match de football, ce positionnement leur permet d'obtenir une bien meilleure perspective dans leurs prises de vue. Cette perspective basse donne vraiment l'impression d'être au cœur de l'événement.

**Protégez vos genoux (vous me remercierez plus tard) !**

*Mike Olivella, un photographe sportif professionnel, m'a donné un de ses trucs pour protéger les genoux lorsque je choisis de photographier en perspective basse : il suffit d'acheter une paire de protège-genoux. Aujourd'hui, je me demande comment j'ai pu m'en passer pendant des années. Ce n'est pas cher, c'est durable, et je sens dans le regard des autres photographes sportifs une sorte d'admiration chaque fois que je me mets à genoux sans grimacer. (Admirez mes protège-genoux à la page 166.)*

# Donner plus d'impact à l'image en isolant le sujet principal

SCOTT KELBY

Voici une astuce qui permet de donner encore plus d'impact à vos photos sportives : essayez d'isoler le sujet ! Pour cela, vous disposez de deux méthodes. La première consiste à cadrer de manière très serrée pour qu'une ou deux personnes soient visibles sur la photographie. Cette technique n'est pas toujours simple à mettre en œuvre dans la mesure où les rencontres sportives réunissent généralement un large public. Parfois, il est difficile d'identifier la personne que vous souhaitiez photographier. Donc, lorsque vous photographiez, par exemple un batteur de base-ball, réglez votre appareil de telle sorte que lui seul soit parfaitement net sur la photo. Il s'agit de la seconde technique. Elle consiste à ouvrir largement le diaphragme (f/2.8 ou f/4) pour que le premier plan soit très net et l'arrière-plan, complètement flou (comme sur la photo ci-dessus). Une ouverture à f/11 est inutilisable lorsque vous devez faire ressortir le sujet principal d'un événement sportif. L'impact de la photo tient à une très faible profondeur de champ. Gardez toujours à l'esprit ce principe consistant à isoler le sujet principal des autres éléments présents dans le cadre de votre image.

# Être au plus près de l'action

SCOTT KELBY

Il n'y a rien de pire pour un photographe que d'être obligé de photographier depuis les tribunes. En effet, ces images ressembleront trait pour trait au point de vue des spectateurs, ce qui n'apporte absolument rien à l'événement relaté par ces photographies. Il est donc nécessaire d'être au plus près de l'action. Ainsi, votre photo montrera des situations et des détails qui ne peuvent pas être appréciés de la même manière par les spectateurs assis dans les tribunes. *De facto*, vous rapportez un événement sous un angle totalement différent et personnel. Vous allez donner une dimension émotionnelle à une rencontre sportive. Cette dimension permet de raconter l'histoire du match et non pas simplement d'en rapporter le résultat final. Vous pourrez absolument tout montrer : la sueur, la rage, la joie, c'est-à-dire toutes les émotions qui font le charme du sport. Les gros plans permettent de montrer des choses qu'un spectateur ne pourra jamais voir depuis les tribunes. Le partage de cette émotion révèle la face cachée du sport. Pour cette raison majeure, essayez toujours d'être au plus près de l'événement. Jamais une telle intensité ne peut être traduite depuis les tribunes même en utilisant un très long objectif.

# Utiliser un second boîtier… en bandoulière

De nombreux photographes spécialisés dans les événements sportifs utilisent deux appareils photo. L'un est équipé d'un très long objectif, tandis que l'autre est suffisamment discret pour être utilisé d'une seule main. Le problème est que ces deux matériels sont encombrants. Mais il y a toujours une solution à un problème. Voici la mienne : mettez l'appareil le plus léger en bandoulière. Utilisez une bandoulière qui se fixe sous le boîtier de votre appareil. Ainsi, l'appareil photo se trouvera au niveau de votre hanche, orienté de manière qu'il soit immédiatement opérationnel lorsque vous le saisissez. Cela vous donne la possibilité de prendre rapidement une photographie à l'aide de ce second boîtier. Il suffit de le saisir et de porter le viseur à votre œil. Une fois la photo prise, replacez le boîtier au niveau de votre hanche. Une bandoulière est vraiment la meilleure solution pour disposer d'un second boîtier léger qui peut être mis très rapidement en action. Vous pouvez regarder une vidéo de démonstration sur l'utilisation d'une bandoulière de type R-Strap sur le site **www.blackrapid.com**.

# Raconter une histoire avec ses photos

SCOTT KELBY

Il est naturel de relâcher notre attention et notre appareil photo lorsque la partie est terminée. C'est une erreur. En effet, c'est à cet instant précis que vous pouvez capturer d'énormes sensations susceptibles de raconter toute l'histoire de l'événement que vous venez de couvrir. Imaginez la photo que vous pourriez faire en immortalisant le visage du quaterback quand il réalise avoir fait une superbe interception, ou bien un joueur de football prenant un carton rouge. Et que dire des réactions de l'entraîneur lorsqu'il s'aperçoit que sa stratégie vient d'échouer. Comment pourriez-vous saisir l'émotion d'une fin de match si vous arrêtez de photographier au moment du coup de sifflet final ? Ne manquez sous aucun prétexte tous ces moments intenses, dramatiques, émouvants. La photographie reste l'art de raconter une histoire avec des images fixes.

# 24 × 36 contre 4:3

Capteur 24 × 36

Capteur 4:3 standard

Les appareils photo numériques équipés d'un capteur 24 × 36 emportent l'admiration de tous les photographes issus de la technologie argentique. Toutefois, en matière de photographie sportive vous ne devez pas négliger les appareils équipés d'un capteur 4:3. En voici la raison : ces capteurs standard ont un facteur multiplicateur qui permet d'obtenir des photos plus proches de l'action. Par exemple, un appareil comme le Nikon D300 produit une image qui se trouve 50 % plus près de l'action. Dans le même ordre d'idée, un Canon EOS 50D s'en rapproche de 60 % comparé à l'image générée par un appareil photo équipé d'un capteur 24 × 36. Pourquoi ? Si vous utilisez un appareil 24 × 36 équipé d'un objectif 200 mm (comme un Canon 5D Mark II), vous disposez réellement d'une focale de 200 mm. Mais, si vous fixez ce même objectif de 200 mm sur un appareil Canon 50D, vous disposez alors d'une focale de 320 mm. Si vous ajoutez un téléconvertisseur de 1,4× à votre 50D, l'objectif de 200 mm devient cette fois un 450 mm (pour le prix d'un 200 mm). Donc, en matière de photographie sportive, les capteurs à facteur multiplicateur de 1,5× et 1,6× sont particulièrement efficaces.

## Le recadrage ultrarapide d'un D300 ou d'un D700 n'est pas un facteur multiplicateur

*Lorsque je parle de 24 × 36 et de 4:3, vous pouvez être certain que quelqu'un va me poser la question suivante : « Pourquoi ne pas utiliser la fonction de recadrage intégré (Auto DX) du Nikon D3 ? En effet, il permet d'opérer un recadrage identique à celui obtenu avec le facteur multiplicateur du D300 ! » La réponse est simple : parce qu'en utilisant cette fonction vous basculez d'un mode de prise de vue de 12 mégapixels à 6 mégapixels. Or les images sportives ont besoin d'être recadrées en postproduction, dans Photoshop, par exemple. De plus, vous avez souvent besoin d'une résolution d'image très élevée pour réaliser des impressions en haute résolution. Donc, la fonction de recadrage intégré n'est certainement pas la bonne solution.*

# Louer ses optiques

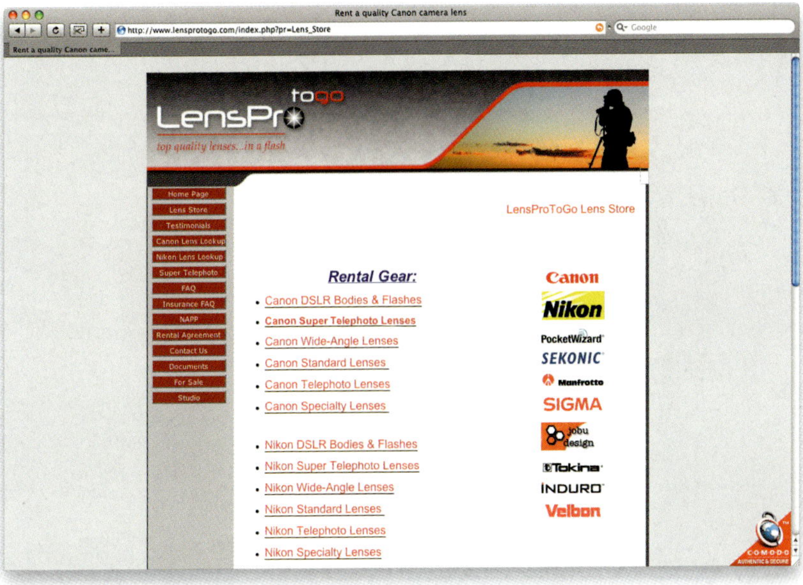


Si vous ne disposez pas de tous les objectifs dont vous pensez avoir besoin pour photographier un événement sportif, inutile de vous ruiner. Contentez-vous de louer du matériel. Vous trouverez sur Internet de nombreuses sociétés de location. Ici, je prends l'exemple d'une société américaine très réputée appelée LensProToGo.com. Elle propose absolument tous les objectifs de longue focale pour les utilisateurs de Canon ou de Nikon. Il est même possible de louer des boîtiers. Le plus surprenant est que le prix de la location n'est pas très élevé. Par exemple, un objectif Nikon 300 mm f/2.8, c'est-à-dire un objectif très rapide idéal pour les événements sportifs, vous coûtera environ 230 dollars par semaine. Bien entendu, si vous en avez régulièrement l'usage, mieux vaut encore acheter cet objectif. Dans ce cas, préparez-vous à débourser aux alentours de 5 000 euros.

# Le jeu statique est ennuyeux

SCOTT KELBY

Pendant la rencontre, vous voyez les joueurs se réunir sur le terrain. Comme vous avez dans votre viseur un superangle de prise de vue, vous les photographiez. Et puis, de retour à la maison, lorsque vous affichez cette image dans Photoshop ou Lightroom, vous constatez que l'ambiance qu'elle délivre n'a rien à voir avec ce que vous ressentiez dans le viseur au moment de la prise de vue. En d'autres termes, la photo est mauvaise, des plus inutiles qui soient. Donc, prenez l'habitude de ne pas photographier les joueurs qui attendent. Ces photos sont ennuyeuses comme la mort. Attendez l'action des matchs pour faire éclater tout votre talent.

# Une autre raison de photographier après l'action

SCOTT KELBY

SCOTT KELBY

Si vous assistez à une rencontre de football américain, le joueur que vous désirez photographier peut rapidement être masqué par une quantité d'adversaires qui lui tombent dessus. Qui est ce joueur ? Le 22 ou le 37 ? Il suffit de photographier quelques minutes après l'action, c'est-à-dire quand la balle est morte, pour prendre une photo du joueur et ainsi l'identifier grâce à son numéro. Pensez donc bien à photographier le joueur quand il se relève.

### Ajouter une poignée batterie pour plus d'images à la seconde

*Vous pouvez photographier plus d'images à la seconde avec certains appareils Nikon comme le D300 ou le D700 en les équipant d'une poignée batterie. Par exemple, le D700 passera allègrement de à 8 images par seconde. De plus, avec ce type de poignée, vous disposez d'un déclencheur supplémentaire facilitant les prises de vue verticales.*

# Inutile d'emporter la sacoche de votre appareil

BILL SMITH

Bien que vous soyez obligé d'emmener avec vous beaucoup de matériel lorsque vous photographiez des événements sportifs, ne vous encombrez pas de la sacoche de votre appareil. Si vous l'emportez avec vous, vous passerez le plus clair de votre temps à la surveiller. Vous la faire dérober serait en effet une perte d'argent considérable car le voleur s'enrichirait d'objectifs et autres accessoires très coûteux. Pour cette raison, j'ai investi dans un système de ceinture modulaire qui me permet d'avoir absolument tout à portée de ma main et non plus de celle des autres. J'attache cette ceinture autour de ma taille, puis je la fixe à la ceinture de mon pantalon et le tour est joué. Ce système est très bien étudié. Il répartit équitablement le poids, et au bout de quelques minutes vous oubliez complètement que vous portez cette ceinture autour de la taille. Lors de l'achat, vous avez le choix entre plusieurs types de poches pour les différentes tailles de vos objectifs. Ce système est conçu pour s'adapter à votre matériel et à vos besoins. Vous en trouverez sur le site **www.thinktankphoto.com**.

# Commencer à photographier avant la rencontre

SCOTT KELBY

Juste avant un match, le niveau de tension est à son comble. Les différents athlètes manifestent cette montée d'adrénaline de diverses manières. Certains bombent la poitrine, d'autres se jettent contre le torse d'un de leurs coéquipiers ou bien sont particulièrement sérieux et concentrés, cherchant un instant de tranquillité avant d'entrer dans l'arène. Ces précieux moments se déroulent quelques minutes avant le match. Vous devez en capturer l'émotion. Photographiez les joueurs sur la ligne de touche, dans le tunnel d'accès au stade, ou à la sortie des vestiaires. Essayez d'immortaliser les différentes personnalités qui se manifestent sur le terrain et leurs réactions à tout ce qui se passe. Vous allez prendre des photos mémorables juste avant que le coup de sifflet ne lâche les fauves.

*Obturation : 1/125 s   Ouverture : f/4,5   ISO : 200   Focale : 46 mm | Photo Scott Kell*

# 8

# Conseil de pros pour améliorer ses photos

## Des astuces pour obtenir des images encore plus belles

Tous les chapitres que vous avez lus jusqu'à présent enseignent les techniques spécifiques à des types de photographies comme des portraits, les prises de vue en studio, etc. Cette fois, j'ai voulu vous présenter un ensemble de techniques qui permettent d'améliorer vos images. L'objectif d'un photographe n'est-il pas d'obtenir systématiquement les meilleures photos ? C'est dans ce but que nous nous formons à l'utilisation de divers appareils photo. Vous pouvez passer votre temps à parcourir les menus et à modifier les paramètres de votre matériel, si vous ne savez pas photographier vos photos resteront médiocres. Toutefois, je pense deviner une question qui vous brûle les lèvres : « Mon cher Scott, il me semblait parfaitement clair que l'introduction traditionnelle de chaque chapitre devait un tant soit peu contribuer à la présentation de son contenu. Qu'en est-il de celle-ci ? » Je dois avouer que dans cette nouvelle introduction, et surtout dans les pages qui vont suivre, je n'ai pas œuvré dans le sens de l'amélioration de votre perception du cadrage, de la lumière, donc de l'amélioration réelle de vos photographies. Ce qui suit est en réalité un extrait des vingt-deux pages de la thèse que j'ai soutenue pour mon doctorat en psychologie néoclassique. Cette thèse parle de l'incapacité de l'homme à concilier les éléments de ses expériences pré et postnatales avec sa compétence à communiquer par un autre système d'expression que le verbe. Pourquoi, me direz-vous, avoir décidé d'introduire cet extrait dans ce chapitre ? Tout simplement parce que je trouvais injuste que ma thèse soit uniquement réservée à mes professeurs, d'autant que certains d'entre eux n'étaient pas d'accord avec plusieurs conclusions que j'avais pourtant fortement bien documentées. Je vous sens très étonné ! Vous pensez : « Docteur Kelby, je ne savais pas que vous aviez un doctorat ! » Ce que vous ne saviez pas non plus, c'est que je suis menteur comme un arracheur de dents.

# Utiliser la fonction Live View pour régler la balance des blancs

Les derniers modèles d'appareils reflex numériques Nikon et Canon proposent une fonction qui permet d'utiliser comme viseur le petit écran LCD situé à l'arrière du boîtier. Certes, pour le grand photographe que vous êtes il n'y a rien de mieux que le viseur pour cadrer une photo. Toutefois, la fonction Live View permet de tester différents réglages de balance des blancs et d'en voir immédiatement l'incidence sur votre future photographie. Il vous suffit de sélectionner successivement les diverses icônes du menu de la balance des blancs pour voir immédiatement son impact sur la scène que vous désirez immortaliser. Essayer cette fonction, c'est l'adopter !

# La mesure spot

SCOTT KELBY

*Avant*

SCOTT KELBY

*Après*

Beaucoup de photographes utilisent le réglage de mesure par défaut de leur appareil photo. Il s'agit en général d'une mesure matricielle. Cette mesure analyse la totalité des éléments du cadre pour créer une exposition équilibrée sur l'intégralité de l'image. La plupart du temps, ce mode de mesure donne d'excellents résultats quel que soit le sujet photographié. Toutefois, il existe un autre type de mesure appelé mesure spot qui doit être utilisé dans des conditions d'éclairage telles que celles qui sont illustrées par la photographie de gauche ci-dessus. Ici, je souhaite capturer la lumière qui se trouve à la fois à l'intérieur et à l'extérieur. Si j'utilise le mode de mesure matricielle, je peux être certain que le hall d'entrée sera sombre. Pour éviter cela, il me suffit de basculer en mode de mesure spot. Ce mode indique la chose suivante à l'appareil : « La partie de la photo que je souhaite correctement exposer est une toute petite zone qui se trouve au centre du cadre. » Alors, visez directement cette zone, et appuyez à mi-course sur le déclencheur pour verrouiller l'exposition sur ce point précis. Ensuite, recadrez votre photo pour intégrer tous les éléments souhaités. Déclenchez ! Dans l'exemple ci-dessus, je suis passé de la mesure matricielle à la mesure spot. Ensuite, j'ai visé la table qui se trouve à l'intérieur de la pièce. (Une fois que vous en avez fini avec la mesure spot, n'oubliez pas de revenir au mode de mesure matricielle, qui est celui qui donne les meilleurs résultats dans la majorité des situations.)

# Photographier des concerts

JOSH BRADLEY

L'utilisation du flash lorsque vous photographiez un concert est l'une des plus grosses erreurs que vous puissiez commettre. Un jour, l'un de mes amis ayant photographié un concert fut très déçu du résultat obtenu. Il m'envoya ses photos par e-mail et je compris exactement ce qui s'était passé. Je lui ai donc répondu ceci : « Il y a environ 275 éclairages de scène de 1 000 watts qui éclairent alternativement les musiciens. Pourquoi en rajouter une en utilisant ton flash ? » En effet, l'intérêt d'une photo de concert est de restituer l'atmosphère de la scène. Cette atmosphère est créée par la couleur et l'éclat des éclairages. En utilisant un flash, vous annulez totalement l'effet des lumières utilisées pour ce spectacle. Vous voyez alors toutes sortes de détails totalement inutiles comme des câbles, des cordons, des prises, etc. Tous ces éléments seraient invisibles si vous vous contentiez des lumières utilisées pendant le concert. C'est pourquoi il faut bannir le flash. Donc, la clé du succès des photos de concert tient à la définition d'une sensibilité ISO relativement élevée permettant de photographier à 1/125 de seconde. Dans de telles conditions d'éclairage, avec une valeur ISO élevée et une vitesse d'obturation relativement rapide, vous allez introduire beaucoup de bruit dans votre image. Pour obtenir une belle photographie, je vous conseille alors de traiter votre image dans un programme de réduction du bruit comme Dfine 2.0 de Nik Software. Bien évidemment, photographiez avec des objectifs très rapides qui permettent d'ouvrir à f/2.8, f/2, f/1.8, etc. Si vous êtes très près de la scène, utilisez un objectif grand-angle ainsi qu'un objectif zoom tel qu'un 70-200 mm f/2.8, voire un f/4, et ceci dans le cas où vous seriez l'heureux possesseur d'un appareil photo capable de réduire automatiquement le bruit numérique.

# Photographier des intérieurs

SCOTT KELBY

Si vous souhaitez obtenir de meilleures photos d'intérieur, voici quelques petites astuces qui vont faire toute la différence. Tout d'abord, allumez toutes les lumières de la pièce. Il s'agit ici non pas d'ajouter de la lumière à la scène, mais de donner de la vie à l'espace. (Améliorer l'aspect d'un intérieur est essentiel lorsque vous souhaitez vendre votre appartement ou votre maison.) Maintenant, vous avez deux tâches à remplir. (1) Donner l'impression que la pièce est grande. Pour cela, il vous suffit de vous mettre à genoux et d'utiliser un objectif grand-angle. Dans cette position, visez un angle de la pièce. Une des plus grandes idées que vous puissiez avoir est d'intégrer dans le cadre une fenêtre montrant l'environnement qui se trouve à l'extérieur de la maison. Voici ce que vous devez prendre en considération : il ne faut surtout pas que les éléments situés dehors soient complètement surexposés. L'ambiance générale de la pièce et son appréciation particulière dépendent de ce que l'on voit à l'intérieur et à l'extérieur. Pour cela, vous devez prendre des photos avec un réglage d'exposition différent. Une exposition pour l'intérieur, et une seconde exposition pour l'extérieur visible à travers les vitres de la fenêtre. Ensuite, vous effectuerez un petit montage dans Photoshop. (Une vidéo publiée sur le site **www.kelbytraining.com/books/digphotogv3** explique comment procéder.) Ensuite, (2) vous devez éclairer uniformément la pièce. Une majorité de professionnels utilisent plusieurs petits flashs déportés qu'ils cachent derrière des meubles et dont ils dirigent l'éclair vers le plafond. Cela suffit pour obtenir une lumière très équilibrée dans toute la pièce.

# Photographier à intervalle régulier (Canon)

Vous avez déjà probablement vu des vidéos de concerts. Souvent, au début de ce genre de document le réalisateur vous montre la construction de la scène à toute vitesse. Bien évidemment, personne ne travaille aussi vite ! La technique utilisée ici consiste à enregistrer une ou deux images vidéo toutes les 30 secondes. Sachez que cette technique peut s'appliquer à la photographie. Pour cela, vous devez installer votre appareil photo sur un trépied. Ensuite, vous devez faire preuve d'une grande régularité afin d'enregistrer une image toutes les 30 secondes ou chaque minute pendant environ 1 heure, 1 jour, 2 semaines. Ensuite, vous pouvez combiner ces images grâce à votre ordinateur et ainsi créer une petite vidéo. (J'explique comment créer une vidéo de ce type à la page **www.kelbytraining.com/books/digphotogv3**.) Sachez qu'il est très pénible d'effectuer manuellement ce genre de prises de vue régulières. Alors, je vous conseille d'investir dans les télécommandes de type TC80N3 fabriquées par Canon. Il vous en coûtera une centaine d'euros. Toutefois, vous lui préférerez la télécommande de marque Opteka, qui coûte environ la moitié de ce prix-là. Vous la connectez à votre appareil photo, puis vous déterminez la fréquence des prises de vue. Si vous n'avez pas peur que quelqu'un vole votre appareil photo, vous pouvez quitter les lieux pour aller faire une petite promenade pendant que votre dispositif enregistre les images à la cadence déterminée.

# Photographier à intervalle régulier (Nikon)

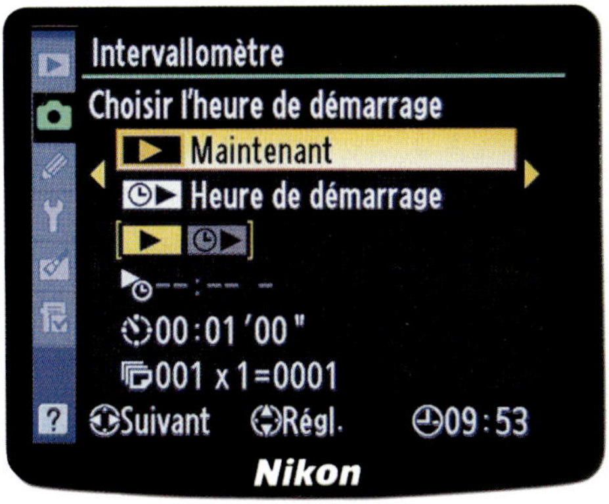


Tout ce qui a été dit précédemment pour les appareils photo Canon est valable pour les appareils photo Nikon. Vous en déduisez qu'il est possible d'effectuer des prises de vue à intervalle régulier avec votre appareil photo de marque Nikon. Ici, la procédure est différente. Un grand nombre d'appareils photo reflex Nikon disposent d'une fonction de prises de vue à intervalle régulier (intervallomètre). C'est le cas des D3, D300 et D700. Fixez l'appareil photo sur un trépied. Ensuite, ouvrez le menu Prise de vue, et choisissez Intervallomètre. Appuyez sur la flèche de droite, puis déterminez l'intervalle de temps qui doit séparer chaque prise de vue. Définissez le nombre d'intervalles, ainsi que le nombre de prises de vue par intervalle. Maintenant, sélectionnez On, puis OK. Laissez l'appareil enregistrer automatiquement toutes les images. Vous pouvez aller vous promener, avec la peur au ventre que quelqu'un dérobe votre appareil photo.

# Faire plusieurs expositions

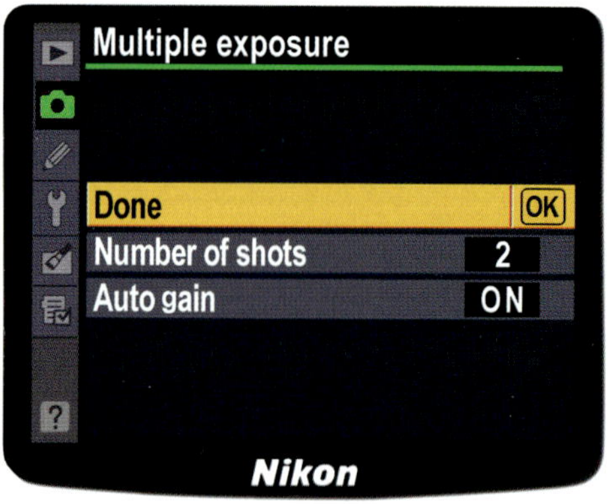


Si vous désirez combiner deux images en une seule, vous pouvez y procéder de deux manières différentes : soit directement avec l'appareil photo (si vous possédez un reflex numérique Nikon), soit dans Photoshop, c'est-à-dire en postproduction. Vous choisirez cette seconde solution lorsque l'appareil photo numérique que vous possédez ne permet pas de combiner plusieurs prises de vue en une seule. Pour les possesseurs d'un Nikon, voici comment procéder : activez cette fonction dans le menu Prise de vue, puis choisissez Multiple Exposure. Ensuite, déterminez le nombre de prises de vue. (Dans l'exemple ci-dessus, j'ai choisi 2.) Validez en sélectionnant OK. Si vous souhaitez le même cadrage pour toutes les photographies, installez l'appareil sur un trépied. Prenez la première photo. Ensuite, placez votre sujet à un autre endroit de la scène, puis prenez la seconde photo. L'avantage d'effectuer cette manipulation directement dans l'appareil est de pouvoir combiner deux images en un seul fichier RAW. Dans Photoshop, en revanche, le résultat final sera un fichier JPEG, TIFF ou PSD. Si vous ne photographiez pas avec un Nikon, regardez la vidéo publiée à la page **www.kelbytraining.com/books/digphotov3**. Elle explique comment combiner deux photos avec Photoshop.

# A-t-on vraiment besoin d'analyser l'histogramme ?

SCOTT KELBY

Voici probablement les propos les plus choquants de ce livre : la plupart des professionnels ne regardent jamais l'histogramme. En photo numérique, notre principale préoccupation est de garder des détails dans les tons clairs. Ces hautes lumières ne doivent pas être d'un blanc pur. Donc, au lieu d'analyser l'histogramme, nous activons la fonction d'avertissement des écrêtements dans les hautes lumières. Cette fonction incruste une couleur (généralement clignotante) mettant en évidence les tons clairs écrêtés. Nous pouvons alors jouer sur la correction de l'exposition pour compenser cette surexposition. En obscurcissant légèrement l'exposition, nous récupérons des détails dans ces hautes lumières. Ces avertissements visuels sont bien plus importants que l'histogramme. En effet, ce dernier se contente d'indiquer la quantité de données de l'image se trouvant dans les tons foncés, les tons moyens et les tons clairs. Ceci n'est pas d'un très grand enseignement car, *a priori*, je peux voir à l'œil nu sur l'écran LCD si ma photo est globalement trop claire ou trop sombre. En revanche, j'ai davantage de mal à savoir ce qui est écrêté ou pas. Conclusion : ne perdez plus de temps avec l'histogramme.

**Info**

*Je sais que beaucoup d'utilisateurs sont des fanatiques d'éléments techniques comme les histogrammes. Que les choses soient claires. Je ne dis pas qu'il faille que vous bannissiez totalement l'histogramme, je dis simplement que je ne l'utilise pas.*

# Recourir à un service de tirage en ligne

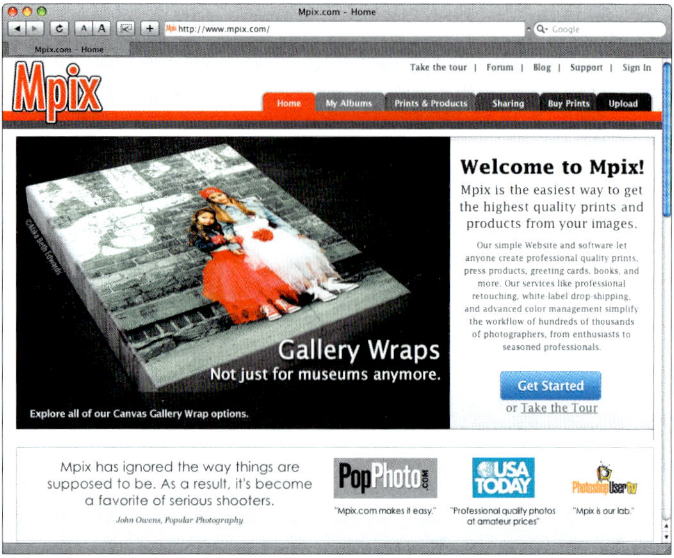


À l'époque de l'argentique, j'envoyais mes négatifs à un laboratoire de traitement professionnel. Au début du numérique, j'imprimais mes images. Aujourd'hui, je continue à imprimer des photos mais, très souvent, j'utilise les services de tirage photo en ligne. En voici les cinq principales raisons. (1) Le procédé est simple et rapide. Je télécharge mes photos en utilisant mon navigateur web. Si je procède à ce téléchargement avant l'heure du déjeuner, vous pouvez être certain que mes tirages seront réalisés et expédiés le jour même. (2) Ce service corrige les couleurs gratuitement. (3) Il est possible de demander des tirages dans plusieurs formats sans qu'il soit nécessaire de les recadrer ou de les mettre à la bonne taille. (4) Vous pouvez faire encadrer vos tirages ou les faire coller sur de multiples supports. Enfin (5) vous avez le choix entre différents types de papiers, y compris métallique et mat. Vous devez tester ce genre de service au moins une fois. Il sera alors difficile pour vous de vous en passer. Sachez que les tarifs pratiqués sont très compétitifs.

## Je ne jure que par Mpix.com

*Depuis 2007, je confie mes tirages (impressions) à Mpix.com. Pourquoi ? Parce que cette société apporte autant de soin aux tirages des particuliers qu'à ceux des professionnels. Vous aurez donc toujours une qualité de pro ! Essayez et vous verrez !*

# Photographier dans des conditions d'éclairage extrême

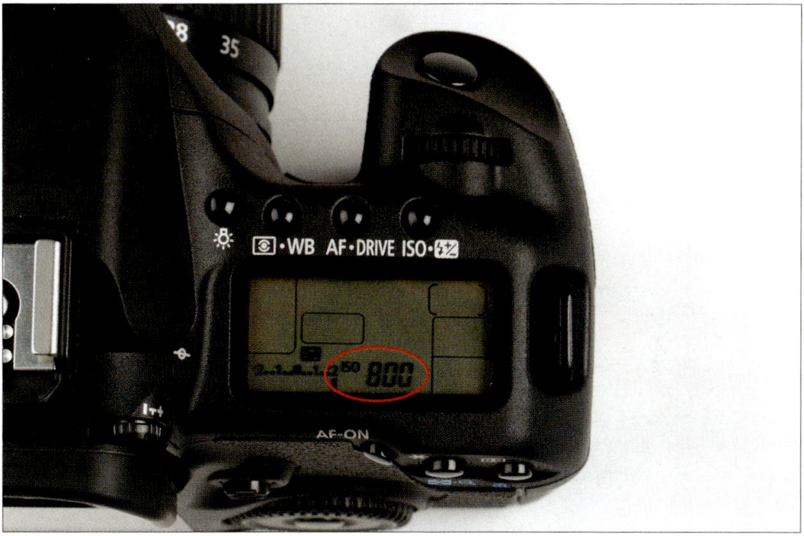


Il existe de multiples techniques pour photographier dans des conditions d'éclairage complexes. Le problème est qu'il n'existe pas de réglage secret ou de bouton magique qui permette d'obtenir une excellente photographie malgré une lumière défaillante. Toutefois, voici ce que vous pouvez faire. Tout d'abord, trouvez un moyen de stabiliser votre appareil photo. En effet, lorsque les conditions d'éclairage sont très faibles, vous êtes obligé de réduire la vitesse d'obturation. Elle se situera normalement en dessous de 1/60 de seconde. L'idéal est d'installer votre appareil sur un trépied, ou tout au moins sur un monopied. Si ce n'est pas possible, posez votre appareil photo sur un objet stable. Dans certaines circonstances, l'épaule d'un de vos amis permettra de stabiliser l'appareil photo. Je fais tout mon possible pour que mon appareil ne bouge pas, et ceci afin de ne pas être obligé d'augmenter la sensibilité ISO. Bien entendu, le problème de la stabilité est moins sensible lorsque vous disposez d'un reflex numérique de dernière génération qui autorise des sensibilités ISO très élevées tout en introduisant un minimum de bruit numérique dans l'image. Si vous ne pouvez pas stabiliser votre appareil, définissez une valeur ISO vous permettant de photographier, au minimum, à une vitesse de 1/60 de seconde. Au moment de la prise de vue, évitez de bouger. Si vous êtes obligé d'augmenter considérablement la sensibilité ISO, utilisez un logiciel de réduction du bruit de manière à atténuer le grain de l'image sans atténuer les détails.

# C'est beau, une ville, la nuit

SCOTT KELBY

Il n'y a pas de recette miracle pour photographier des scènes nocturnes. En effet, vous ne rencontrerez jamais deux fois les mêmes conditions d'éclairage. Cependant, voici quelques astuces qui peuvent vous aider. La chose la plus importante est d'exposer correctement. Dans la mesure où il fait nuit, votre principale préoccupation sont les lumières ambiantes. Donc, vous seriez tenté de définir votre exposition en visant une de ces lumières. Dans ce cas, votre appareil photo considérera que l'intégralité de la scène est lumineuse. Résultat : la photo sera complètement sous-exposée. Pour éviter cela, essayez de faire le point (donc la mesure de l'exposition) à gauche ou à droite de ces lumières. Prenez une photo et vérifiez-la sur le moniteur LCD situé à l'arrière de votre boîtier. Si l'image est trop sombre, utilisez la fonction de correction d'exposition afin d'éclaircir la prise de vue. Augmentez-la d'environ un diaph. Prenez un autre cliché test. Les scènes nocturnes nécessitent un temps d'obturation allant de quelques secondes à plusieurs minutes. Tout dépend du niveau de luminosité de la scène photographiée. Dans la mesure où le diaphragme restera longtemps ouvert, il ne faut surtout pas toucher l'appareil photo. Par conséquent, déclenchez à l'aide d'un déclencheur souple, ou d'une télécommande sans fil. Ne touchez jamais au boîtier de votre appareil. Une simple pression sur le déclencheur entraînera un flou de bouger. Pour obtenir une balance des blancs correcte, j'utilise la fonctionnalité Live View, que je vous ai présentée page 170. Une dernière chose : le meilleur moment pour photographier une ville de nuit se situe environ une demi-heure après le coucher du soleil. Vous obtiendrez alors un mélange parfait de la lumière naturelle et de la lumière urbaine.

## Retirer le filtre UV pour prendre des photos nocturnes

*Lorsque vous photographiez la nuit, vous ne risquez pas d'être gêné par les rayons ultraviolets du soleil. En revanche, vous serez gêné par votre filtre UV. Il a tendance à délaver les couleurs de vos images. Pour cette raison, une majorité de professionnels enlèvent le filtre UV lorsqu'ils prennent des photos de nuit.*

# Un appareil photo toujours bien réglé

Je règle mon appareil photo sensiblement de la même manière chaque fois que je photographie. Sachez que je travaille toujours en mode de priorité à l'ouverture. Cela me permet de jouer avec la profondeur de champ. Ainsi, je définis qui du premier ou de l'arrière-plan sera net ou flou. Le seul autre mode de prise de vue que j'utilise est le mode Manuel. Je le mets en œuvre uniquement en studio. Autant que faire se peut, j'utilise une sensibilité de 200 ISO. J'en augmente la valeur lorsque je dois régler ma vitesse d'obturation en dessous de 1/60 de seconde. (Certaines personnes sont suffisamment habiles pour prendre des photos à 1/30 de seconde sans bouger, ce qui n'est pas mon cas.) Si je photographie à l'extérieur en pleine journée, je règle la balance des blancs sur le mode Auto. Si je me retrouve dans un endroit ombragé, j'opte pour le mode Ombre. Enfin, si je suis à l'intérieur d'un bâtiment, je choisis la balance des blancs qui correspond à l'éclairage utilisé dans ce lieu. En ce qui concerne le flash, je règle mon appareil sur le mode de synchronisation de deuxième rideau. Ainsi, dès que le flash se déclenche pour geler les mouvements, j'obtiens une image beaucoup plus nette. J'active systématiquement l'avertissement de l'écrêtement des hautes lumières. Je ne regarde jamais l'histogramme (désolé).

# Mon matériel pour photographier des paysages

Voici le matériel dont j'ai besoin pour photographier des paysages :

(1) un boîtier 24 × 36 car je dois obtenir les images les plus larges possible ;

(2) un objectif grand-angle 14-24 mm f/2.8 ;

(3) un excellent trépied avec rotule ;

(4) un objectif zoom moyenne longueur si je veux faire un panoramique ;

(5) un déclencheur souple, si possible sans fil ;

(6) un filtre polarisant qui supprime les reflets et assombrit le ciel ;

(7) un filtre gris progressif qui permet d'exposer correctement le premier plan sans surexposer le ciel ;

(8) un système de sauvegarde des images de type Epson P-3000, -6000 ou -7000 ;

(9) un filtre gris neutre pour assombrir l'eau, ce qui permet de définir une obturation plus lente afin de créer un effet aquatique soyeux ;

(10) une batterie de secours, mon chargeur, un tissu propre (si je dois essuyer des gouttes d'eau sur mon objectif), une soufflette (pour éliminer les poussières déposées sur mon objectif) ;

(11) plusieurs cartes mémoire stockées dans une pochette rigide ;

(12) une sacoche LowePro Pro Mag 2 AW où l'ensemble prend place.

# Mon matériel pour photographier des événements sportifs

Voici le matériel dont j'ai besoin pour photographier des paysages :

(1) deux boîtiers ;

(2) un objectif long, un objectif zoom rapide 200-400 mm f/4, ou un objectif à focale fixe 300 mm ;

(3) un objectif zoom, comme un 70-200 mm f/2.8, et un zoom grand-angle tel qu'un 24-70 mm ;

(4) un objectif fisheye pour photographier la totalité du stade, du terrain de jeu, etc. ;

(5) un monopied pour stabiliser et soutenir mon objectif le plus long ;

(6) une bandoulière BlackRapid R-Strap pour mon second boîtier de manière à pouvoir photographier très rapidement si nécessaire ;

(7) un système de sauvegarde des images de type Epson P-3000, -6000 ou -7000 ;

(8) un portable et un lecteur de carte mémoire FireWire (ou IEEE 1394) ;

(9) une carte PC sans fil pour envoyer mes photos *via* Internet tout en continuant mon travail ;

(10) des batteries de secours pour les deux boîtiers, des chargeurs, un tissu propre, une soufflette ;

(11) des genouillères pour protéger mes genoux lorsque je photographie sous une perspective basse ;

(12) un système de ceinture modulaire qui permet de garder sur moi mon objectif fisheye, mes cartes mémoire, une bouteille d'eau, une barre énergétique, et mon grand-angulaire ;

(13) un cache écran LCD de manière à pouvoir apprécier mes images sur l'écran LCD même en plein soleil ;

(14) un sac à roulettes de type Think Tank Airport 2 dans lequel l'ensemble prend place.

# Mon matériel pour photographier des portraits sur site

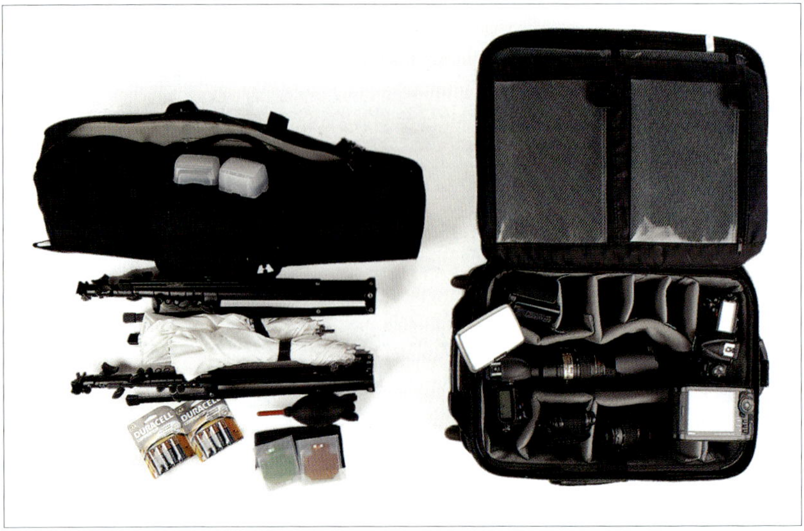


Voici le matériel dont j'ai besoin pour photographier des portraits sur site :

(1) un objectif zoom 70-200 mm ;

(2) un objectif zoom 24-70 mm ;

(3) deux flashs déportés avec dômes de diffusion ;

(4) deux pieds d'éclairage légers, deux parapluies et deux adaptateurs inclinables ;

(5) deux paquets de 8 piles AA pour les flashs ;

(6) deux jeux de gélatines pour les flashs, un orange et un vert ;

(7) un pack de piles pour remplacer rapidement celles des flashs ;

(8) un système de sauvegarde des images de type Epson P-3000, -6000 ou -7000 ;

(9) plusieurs cartes mémoire stockées dans une pochette rigide ;

(10) un boîtier plus un boîtier de secours ;

(11) des batteries de secours, mon chargeur, un tissu propre, une soufflette.

(12) des genouillères pour protéger mes genoux lorsque je photographie sous une perspective basse.

# Mon matériel pour photographier en voyage

Voici le matériel dont j'ai besoin pour photographier en voyage :

(1) un boîtier 4:3 ;

(2) un objectif zoom 18-200 mm (j'utilise un seul objectif pour tout faire) ;

(3) un système de sauvegarde des images de type Epson P-3000, -6000 ou -7000 ;

(4) une batterie de secours, mon chargeur, un tissu propre, une soufflette ;

(5) un petit trépied de table pour stabiliser l'appareil dans des lieux où l'on ne peut pas utiliser un trépied standard.

# Mon matériel pour photographier des mariages

Voici le matériel dont j'ai besoin pour photographier un mariage :

(1) deux boîtiers dont un de secours ;

(2) un super grand-angle 14-24 mm, un objectif 50 mm f/1.4 (pour photographier appareil au poing dans des conditions d'éclairage très faibles), un objectif zoom 70-200 mm f/2.8 VR, un fisheye 10,5 mm (pour photographier la réception), et un 27-70 mm f/2.8 ;

(3) un système de sauvegarde des images Epson P-3000, -6000 ou -7000 et quatre cartes mémoire de 8 Go ;

(4) un kit de nettoyage pour objectif ;

(5) une sacoche LowePro Pro Roller où l'ensemble prend place.

Le matériel d'éclairage :

(1) deux flashs déportés (comme des Nikon SB-900) ;

(2) des dômes de diffusion pour les flashs ;

(3) une unité de contrôle Nikon SU-800 pour déclencher les flashs sans fil ;

(4) deux supports d'éclairage Bogen avec parapluie à charnière pivotante dont un de secours ;

(5) deux parapluies transparents Westcott de 1 mètre de diamètre, dont un de secours ;

(6) un réflecteur Wescott blanc/argent ;

(7) un diffuseur à trois volets ;

(8) quatre paquets de piles rechargeables AA, un chargeur de piles AA, et un pack batterie Nikon SD-9 (pour augmenter l'autonomie de la batterie et pouvoir photographier plus rapidement) ;

(9) un chariot-échelle pour photographier en hauteur et pour transporter le matériel d'éclairage ;

(10) un sac Hakuba PSTC 100 Tripod Case dans lequel tiennent mes flashs, mes pieds, mes parapluies et mes charnières.

# Balance des blancs et/ou correction des couleurs

Pourquoi est-il important de faire attention à la balance des blancs ? Eh bien parce que, si vous la réglez correctement à la prise de vue, vous n'aurez pas besoin de corriger les couleurs dans Photoshop, Lightroom ou encore Aperture. Pour éviter cela, réglez la balance des blancs sur le type d'éclairage de la scène photographiée. Par exemple, si vous photographiez sous un ciel nuageux, choisissez le mode de balance des blancs Nuageux (ou équivalent sur votre modèle d'appareil photo numérique). Difficile de faire plus simple.

## Pour régler précisément la balance des blancs, opter pour le filtre ExpoDisc

*Si votre appareil photo numérique ne permet pas de régler précisément la balance des blancs et que vous souhaitiez obtenir systématiquement les bonnes couleurs à la prise de vue, vous devez acheter un filtre ExpoDisc d'Expolmaging. Il s'agit d'un disque transparent qui se place sur l'objectif. Une fois ce disque en place, visez la source d'éclairage, et prenez une photo. Cela crée une balance des blancs personnalisée qui correspond exactement au type d'éclairage qui illumine la scène photographiée. Ce dispositif donne d'excellents résultats. De nombreux professionnels ne jurent que par lui.*

# Combien de bons clichés par séance de prise de vue ?

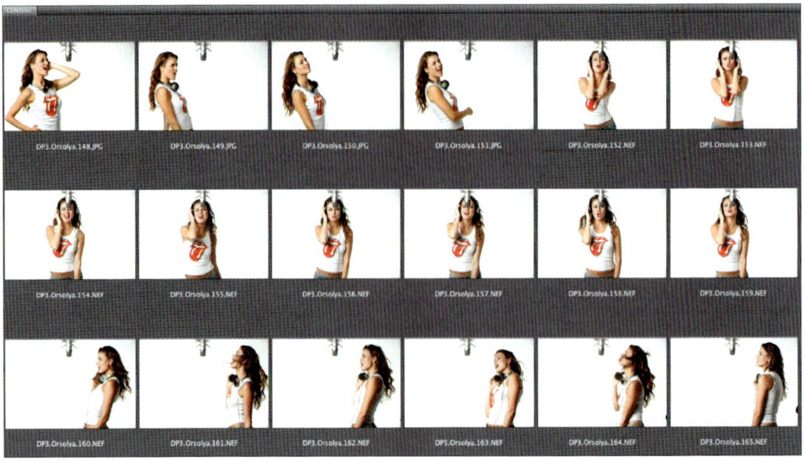


SCOTT KELBY

Un photographe sérieux ne prend pas moins de 250 photos par session de prise de vue en studio. Le problème est de savoir combien de photos prises valent vraiment la peine d'être conservées. Beaucoup de personnes sont surprises d'apprendre que, très souvent, sur 250 photos une seule présente un réel intérêt. Personnellement, lorsque j'en garde deux ou trois, je suis aux anges. Comment se fait-il que nous « jetions » autant de clichés ? Réfléchissez ! Lorsque vous photographiez toute la journée pour la couverture d'un magazine comme *Vogue*, vous allez prendre des milliers de photos. Combien vont apparaître en couverture ? Une seule, bien entendu ! Même un superphotographe professionnel n'obtiendra pas plus de 10 à 12 photos susceptibles d'être retenues pour la couverture du magazine. Cette règle est vraie pour la photo de paysage, la photo documentaire et la publicité. Lorsque vous allez voir le travail d'un professionnel dans une galerie, quelles sont les photos qui sont accrochées au mur ? Les meilleures, bien évidemment. Et, pour obtenir les images que vous avez le privilège de regarder, il a fallu que ce photographe en jette des centaines.

# Si votre appareil sait filmer !

Certains reflex numériques sont aujourd'hui capables d'enregistrer des séquences vidéo. C'est le cas du Canon 5D Mark II ou des Nikon D90 et D5000. Voici quelques conseils pour améliorer vos films. Il est important de verrouiller l'exposition automatique. Dans le cas contraire, lorsque vous effectuerez un panoramique l'exposition risquera de changer pendant ce mouvement d'appareil. Ainsi, la luminosité variera constamment, ce qui rendra votre vidéo très difficile à regarder. Pour un appareil Nikon, accédez au menu Réglages personnalisés et choisissez Commande AE-L/AF-L, qui sont les acronymes d'*Auto Exposure Lock* (verrouillage de l'exposition automatique) et d'*Auto-Focus Lock* (verrouillage de l'autofocus). Ensuite, faites défiler le menu pour sélectionner la fonction Mémo AE temporisée. Dès lors, quand vous filmerez, il vous suffira d'appuyer sur le bouton AE-L/AF-L à l'arrière du boîtier de manière à fixer l'exposition pendant toute la durée de la prise de vue. Pour déverrouiller l'exposition automatique, appuyez une seconde fois sur ce bouton. Sur un appareil reflex Canon comme le Canon 5D Mark II, vous pouvez verrouiller l'exposition du mode vidéo en maintenant enfoncé le bouton AE Lock/FE, situé sur le côté supérieur droit du boîtier. Alors, l'exposition ne variera pas pendant toute la durée du mouvement d'appareil. Si vous possédez un Canon 5D Mark II, la mise à jour du firmware permet de contrôler manuellement l'exposition en basculant en mode Manuel. Ainsi, vous pouvez régler manuellement les paramètres d'exposition, comme la sensibilité ISO, l'ouverture et la vitesse d'obturation, pendant que vous filmez.

Obturation : 1/8000 s    Ouverture : f/8    ISO : 200    Focale : 24 mm | Photo : Scott Kelby

# 9

# Éviter les problèmes comme un pro

## Comment esquiver tout ce qui peut conduire à la folie

Les appareils photo numériques d'aujourd'hui sont très sophistiqués. Si vous y réfléchissez bien, tenir un appareil photo numérique revient à avoir entre les mains un objectif, un mécanisme d'obturation, un moniteur couleur et un ordinateur. En effet, à l'instar d'un ordinateur, vous définirez des préférences personnalisées pour utiliser, selon vos besoins, votre appareil photo numérique. Vous y retrouvez sensiblement la même philosophie que sous une machine tournant sous Windows ou Mac Os. Il y a des menus, des commandes, une mémoire, et bien d'autres points communs. Ensuite, lorsque vous prenez une photographie en appuyant sur le déclencheur, l'appareil envoie des informations à un logiciel qui calcule très rapidement la quantité de lumière perçue par le capteur. Une opération mathématique est effectuée par l'ordinateur de bord qui équipe votre appareil photo numérique. Bien entendu, vous pouvez commettre des erreurs dans la manipulation d'une machine aussi complexe. Il en résulte alors une ou plusieurs photographies qui n'ont pas du tout la qualité que vous souhaitiez. Mais est-ce bien votre faute ? Déculpabilisez-vous ! Comme tout matériel contenant des éléments électroniques pilotés par informatique, les erreurs peuvent également provenir de l'appareil lui-même. C'est le sujet de ce nouveau chapitre. Vous allez apprendre à maîtriser la manière dont le logiciel de votre appareil détermine son comportement. Sous-exposition ? «Quel stupide logiciel !» Image floue ? «Imbécile d'autofocus !» Vous avez photographié vos pieds sans rien demander ? «Idiot d'appareil qui se déclenche sans que j'appuie sur le bouton !» Vous voyez ce que je veux dire. Un dernier exemple : vous entendez souvent dire que «les couleurs ne sont pas bonnes !». Et vous répondez que «ce stupide écran LCD n'est pas calibré» (oh, j'adore cette réponse !).

# L'écran LCD est-il fiable ?

SCOTT KELBY

Vous entendrez souvent dire qu'il est très difficile de faire confiance à l'écran LCD situé à l'arrière du boîtier de votre appareil photo. Personnellement, j'affirme que tout dépend des réglages de votre matériel et du type de fichier sous lequel vous enregistrez vos images. Voici le fond de ma pensée : si vous photographiez en JPEG avec un reflex numérique récent (sachant que plus un appareil est cher meilleure sera la qualité de son moniteur LCD), votre écran LCD montrera un aperçu JPEG de votre photo. Cet aperçu est très proche de ce que vous verrez sur l'écran de votre ordinateur (voire en impression numérique). En revanche, si vous photographiez en mode RAW, vous n'obtiendrez pas un aperçu RAW de vos photos. Ici, l'aperçu est une image JPEG. Or une image JPEG semble toujours meilleure qu'une photo RAW non traitée. Cela tient au fait que les images JPEG sont toujours interprétées par le logiciel de votre appareil photo. Leur netteté est améliorée, les couleurs sont corrigées et le contraste, redéfini. Lorsque vous photographiez au format RAW, vous demandez à votre appareil de ne pas traiter l'image avant son enregistrement sur la carte mémoire. En effet, vous procéderez aux retouches de ce fichier dans le module Camera Raw de Photoshop, ou bien dans Lightroom. Malgré cela, l'appareil photo continuera à vous afficher un aperçu JPEG. Ne lui portez aucun intérêt. L'avantage d'un fichier RAW est d'être « équivalent » à un négatif argentique. Vous allez le « développer » selon vos préférences sans permettre à l'appareil photo de l'interpréter préalablement à votre intervention.

# Réinitialiser les réglages par défaut

Comme je l'ai dit dans l'introduction de ce chapitre, la diversité des menus et des commandes peut vous conduire à dérégler complètement votre appareil photo numérique. Bien entendu, vous ne savez pas comment vous en sortir. Heureusement, la plupart des appareils proposent une commande de restauration des réglages d'usine. Vous pourrez ainsi récupérer votre appareil photo tel qu'il était lorsque vous l'avez sorti pour la première fois de son emballage. Le problème de cette restauration est qu'elle supprime totalement vos réglages personnalisés. J'insiste sur le fait que vous n'y procéderez qu'en cas de force majeure. Voici comment faire. Sur les appareils Canon, appuyez sur le bouton Menu. Ensuite, ouvrez l'onglet Configuration 3. Choisissez Réinitialiser configuration ; enfin, optez pour Réinitialiser tous réglages, et validez en sélectionnant OK. Avec un appareil Nikon, maintenez enfoncés les boutons Qual et +/- (bouton de correction de l'exposition) pendant plus de 2 secondes. Une autre méthode consiste à appuyer sur le bouton Menu. Ensuite, accédez au menu Réglages personnalisés, et choisissez Réinitialiser réglages perso.

# Récupérer les JPEG des fichiers RAW

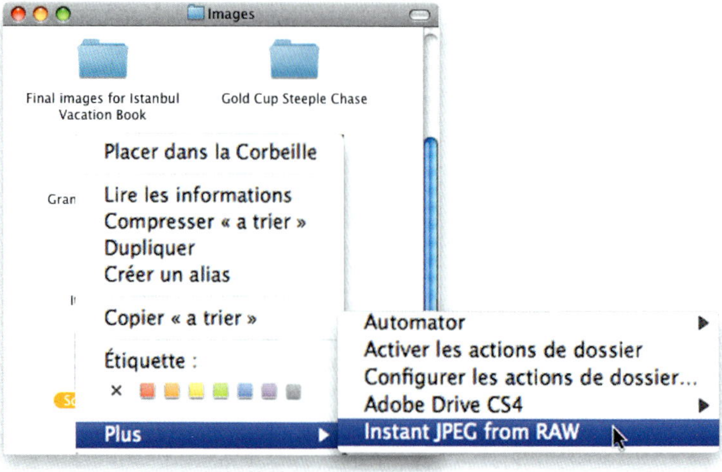


La plupart des appareils photo numériques enregistrent des images en RAW, en JPEG et aussi en RAW+JPEG. Ce dernier type d'enregistrement signifie que vous disposez de deux versions de vos images, l'une en RAW et l'autre en JPEG. L'avantage de ce procédé est de disposer d'une version JPEG qui pourra être immédiatement envoyée à un client ou à des amis. Les fichiers RAW sont trop volumineux pour envisager de les envoyer par courriel. Ajoutez à cela que de nombreuses personnes ne peuvent pas lire ces fichiers. Enfin, n'oubliez pas que la caractéristique des fichiers RAW est d'être bruts, c'est-à-dire sans traitement des couleurs, de la netteté et du contraste. L'inconvénient de l'enregistrement RAW+JPEG est que deux fichiers au lieu d'un occupent de l'espace sur votre carte mémoire. Vous disposez de deux formats de fichier différents pour chaque photo. Si vous faites partie des personnes qui travaillent en RAW+JPEG, j'ai un truc sympa pour vous. Michael Tapes, de RawWorkflow.com, a créé un petit utilitaire gratuit qui permet d'extraire l'aperçu JPEG qui est systématiquement créé lorsque vous n'enregistrez vos clichés qu'en RAW. Son utilisation est très simple. Contentez-vous de télécharger l'utilitaire en question sur le site **www.rawworkflow.com**. Ensuite, installez-le. À partir de cet instant, faites un simple Ctrl+clic (Clic-droit) sur un dossier contenant vos fichiers RAW et, dans le menu contextuel, choisissez Plus > Instant JPEG from RAW. Une boîte de dialogue vous permettra de définir la taille de votre image JPEG, ce qui est très pratique lorsque vous désirez une petite dimension afin de publier la photo sur un site web. Ensuite, cliquez sur le bouton Extract. En quelques secondes les aperçus JPEG des fichiers RAW sont exportés dans un dossier spécifique. J'adore cette fonction que j'utilise systématiquement.

# Choisir de photographier en JPEG ou en RAW

On me pose souvent cette question : « Quand dois-je préférer le RAW au JPEG et réciproquement ? » C'est une question difficile. Beaucoup de photographes sont tellement attachés au format RAW qu'ils ne voient aucune raison d'en choisir un autre. Finalement, tout dépend de la finalité de vos clichés. Si vous faites partie de ces photographes qui ne traitent jamais leur image dans des programmes comme Photoshop, Camera Raw, Elements, Lightroom ou encore Capture, il n'y a aucun intérêt à travailler en RAW. Si vous êtes également une de ces personnes qui n'effectuent que de petites retouches et qui souhaitent pouvoir capturer des milliers d'images sur une carte mémoire de 8 Go (au lieu de quelques centaines), le format JPEG Fine sera idéal pour vous. Il existe encore deux catégories de photographes qui privilégient le JPEG. Les professionnels de la photo sportive, qui prennent des milliers de clichés par événement, et les photographes de mariage, qui en prennent presque autant.

# Nettoyage automatique du capteur

Le capteur de votre appareil photo numérique attire la poussière. Il s'agit d'un élément électronique magnétique. Ainsi, chaque fois que vous retirez votre objectif, de fines particules de poussière, voire de métal, peuvent se déposer sur le capteur. Vos photos présenteront alors des imperfections, comme des taches ou des rayures. Pour éviter cela, et surtout pour ne pas passer beaucoup de temps dans un programme de retouche pour corriger ces problèmes, les appareils photo numériques récents permettent de définir un nettoyage automatique du capteur. Attention ! Cette fonction fait un travail correct mais elle ne saurait remplacer un nettoyage manuel et complet dudit capteur. Sur un appareil Canon 50D, il suffit de pousser le bouton Marche/Arrêt sur sa position la plus haute. Ceci active le nettoyage automatique du capteur. Ce nettoyage s'effectue à l'allumage et à l'extinction de votre appareil. Lorsque le bouton Marche/Arrêt est dans sa position la plus haute, vous pouvez également aller dans le menu Configuration 2, et choisissez Nettoyage du capteur. Ensuite, exécutez la commande Nettoyage immédiat. Le nettoyage est instantané. Sur un appareil Nikon (comme le D300), appuyez sur le bouton Menu, et ouvrez le menu Configuration. Choisissez Nettoyer le capteur d'image, puis Nettoyer maintenant. Le nettoyage est immédiat. Pour que le nettoyage s'effectue automatiquement au démarrage et/ou à l'extinction de votre appareil, activez le paramètre Nettoyer démarrage/arrêt.

# Formater la carte mémoire

De nombreux reflex numériques disposent d'un raccourci qui permet de formater rapidement la carte mémoire. Bien entendu, ce formatage efface toutes les images présentes sur la carte. Ce raccourci évite de passer par un grand nombre de menus pour trouver la commande de formatage. Sur un appareil Nikon, le raccourci apparaît en rouge à côté de deux boutons. Vous devez maintenir enfoncés ces deux boutons (Supprimer et Mode) pendant 2 à 3 secondes jusqu'à ce que le mot « For » clignote sur l'écran LCD supérieur. Une fois que ce mot a clignoté, relâchez les deux boutons. Ensuite, appuyez dessus une seule fois pour formater la carte. Les appareils Canon n'ont pas de raccourci. Vous devez aller dans le menu Configuration 1, et choisir Formater. Ensuite, appuyez sur le bouton Set. Sélectionnez OK pour formater la carte.

## Ne jamais photographier avec une seule carte mémoire

*Vous prendriez de gros risques à photographier avec une seule carte mémoire. Elle sera pleine beaucoup plus vite que vous ne l'imaginiez. Ou bien encore vous pourriez formater une carte accidentellement, et ceci sans carte mémoire de sauvegarde. Pourquoi prendre autant de risques avec vos photos. Je vous rappelle qu'une carte mémoire de 4 Go coûte environ 12 euros et une carte de 8 Go, guère plus de 30 euros.*

# Utiliser la dernière version du firmware

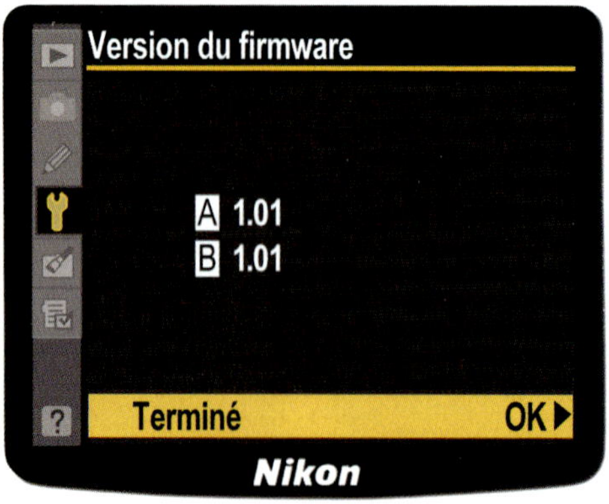


L'informatique est un progrès indéniable dans l'évolution des matériels photographiques. Grâce aux logiciels intégrés, le fabricant est capable d'effectuer des mises à jour. Elles corrigent certains problèmes et peuvent ajouter de nouvelles fonctionnalités. Pour cela, vous devez mettre à jour ce que l'on appelle le « firmware » (microbicide). Vous le téléchargez sur le site web du constructeur. Ensuite, vous connectez votre appareil à votre ordinateur *via* le câble USB fourni, et vous exécutez le programme de mise à jour du firmware. Sachez qu'il existe aussi des firmwares pour les flashs. Ne vous inquiétez pas. Les firmwares ne sont pas mis à jour très souvent. Deux ou trois fois dans la vie de votre appareil. Inutile d'aller vérifier chaque semaine si une nouvelle mise à jour est disponible sur le site du constructeur. Vous pouvez également rechercher les mises à jour *via* Google. Il suffit pour cela de taper « Canon 50D » + « Firmware update » ou « Nikon D700 » + « Firmware update » pour trouver un lien direct où vous pourrez télécharger cette mise à jour. Une fois que vous aurez trouvé la mise à jour en ligne, vérifiez si son numéro est supérieur à celui de la version qui est actuellement installée dans votre appareil. Pour le savoir sur un appareil Nikon ou Canon, ouvrez le menu de configuration et choisissez Version du Firmware (Firmware version). Vous verrez un numéro tel que 1.01. Si le site du fabricant propose une version 1.02, c'est-à-dire supérieure à la vôtre, téléchargez-la et installez-la.

# Ne pas photographier sans carte mémoire

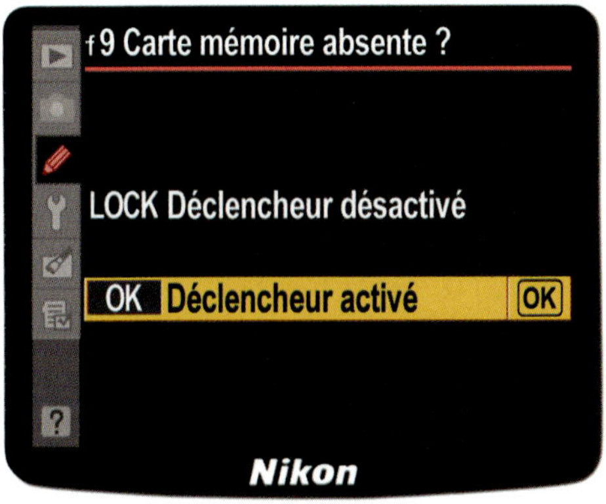


Les fabricants d'appareils photo numériques veulent que leurs clients puissent immédiatement photographier dès qu'ils déballent leur nouveau matériel. Donc, vous pouvez prendre des photos sans carte mémoire insérée dans votre appareil. Vous photographiez et pouvez admirer les images sur le moniteur LCD situé à l'arrière du boîtier. Quelle excitation ! Satisfait de vos premiers clichés, vous éteignez l'appareil. Puis vous le rallumez pour les montrer à un ami qui vient vous rendre visite. Oh, surprise ! Elles ont disparu ! Résultat normal car cette mémoire de stockage est temporaire. Vos photos ont disparu car elles n'ont pas été stockées sur une carte mémoire. Désolation ! Il est impératif d'activer une fonction qui empêche de photographier quand aucune carte mémoire n'est insérée dans la fente de l'appareil prévue à cet effet. Sur un Canon, ouvrez le menu Prise de vue, et choisissez Déclencher obturateur sans carte. Réglez ce paramètre sur Arrêt. Sur Nikon, allez dans le menu Réglages personnalisés, puis Commandes, et choisissez Carte mémoire absente. Passez à Déclencheur désactivé. À partir de cet instant, le déclencheur reste bloqué quand aucune carte mémoire n'est insérée dans l'appareil.

# Appliquer un copyright à ses photos

Toute personne qui publie ses photos sur le Web doit se protéger contre les « voleurs ». Pour cela, il suffit d'appliquer un copyright sur vos travaux. La procédure tend à se simplifier, et elle peut se faire directement par Internet. En France, vous avez plusieurs possibilités. La plus traditionnelle consiste à déposer chaque photo auprès de la SACD. Moyennant le paiement d'une certaine somme d'argent, la photo, ou son fichier numérique, est déposée dans une enveloppe cachetée. Vous êtes protégé pour cinq ans. Au bout de ces cinq années, la SACD vous demande si vous souhaitez prolonger la protection pour trois ans supplémentaires, mais à tarif préférentiel. Vous pouvez également vous adresser à un site web comme **http://www.copyrightfrance.com/**. En fonction du nombre de créations que vous déposez simultanément, le site pratique un tarif préférentiel.

## Regarder cette vidéo gratuite sur le copyright

*J'ai enregistré une série d'entretiens avec Ed Greenburg, spécialiste de la propriété intellectuelle et plus spécialement de la photographie. Vous y découvrirez également des entretiens avec un avocat spécialisé dans la photographie, Jack Resnicki (juillet 2008). Si vous comprenez l'anglais, je vous invite à découvrir ces vidéos sur mon blog :* ***www.scottkelby.com****. Là, effectuez une recherche sur le mot Copyright, et vous découvrirez les interviews.*

# Double sauvegarde avant formatage

Voici une règle appliquée par un grand nombre de photographes paranoïaques tels que moi : nous n'effaçons pas notre carte mémoire tant que nous n'avons pas fait deux copies de son contenu. Par exemple, lorsque vous transférez vos photos vers votre ordinateur, vous n'avez qu'une seule copie de vos images. Il serait dangereux de formater votre carte alors que vous ne disposez que de cette seule copie. Vous n'êtes pas à l'abri d'une panne de votre disque dur. Vous devez donc réaliser une seconde sauvegarde sur un autre disque dur. Lorsque vous avez effectué ces deux copies, vous pouvez formater votre carte mémoire. Respectez ces consignes car vous ne vous remettrez jamais d'avoir perdu toutes les photos des huit premières années de vos enfants, tout cela parce que vous n'aviez pas effectué une seconde sauvegarde de vos images et que votre ordinateur est définitivement tombé en panne.

## Ma stratégie personnelle de sauvegarde

*Sur mon blog, j'explique la stratégie de sauvegarde de mes images que j'applique depuis de nombreuses années. Vous pouvez lire cet article à l'adresse suivante :* ***www.scottkelby.com/blog/2008/archives/1410****.*

# Appuyer doucement sur le déclencheur

Voici une autre astuce pour obtenir des images encore plus nettes. Appuyez délicatement sur le déclencheur plutôt que l'enfoncer comme une brute. Lorsque vous prenez une photo, introduisez le moins de vibrations possible. Faites glisser doucement votre doigt sur le déclencheur et appuyez dessus le plus gentiment possible. Cela augmente la netteté de vos images car l'appareil ne bouge quasiment pas.

# Bloquer votre coude pour des photos encore plus nettes

Une autre technique permettant d'obtenir des images encore plus nettes consiste à stabiliser l'appareil en bloquant votre coude contre votre corps comme sur la photo ci-dessus. Testez cette technique et je suis certain que vous serez ravi par le résultat.

# Ne pas se laisser abuser par l'écran LCD

SCOTT KELBY

Sur les écrans LCD qui équipent les appareils photo numériques, toutes les images semblent nettes. Par conséquent, vous n'êtes jamais à l'abri de mauvaises surprises lorsque vous regardez vos clichés sur l'écran de votre ordinateur. Bon nombre d'entre eux risquent d'être flous. Il est indispensable de contrôler la netteté de vos images immédiatement après avoir effectué la prise de vue afin de pouvoir refaire la photo si elle est floue. Comment procéder ? En utilisant tout simplement le bouton Zoom de votre appareil photo numérique, qui permet de grossir des détails de l'image. Ensuite, avec les flèches directionnelles situées au dos du boîtier, vous pouvez vous déplacer dans l'image pour analyser des zones spécifiques. Une fois cette analyse terminée, appuyez de nouveau sur le bouton Zoom pour afficher la totalité de l'image sur l'écran LCD. Sincèrement, vérifiez la netteté avant qu'il ne soit trop tard, c'est-à-dire que vous ne soyez plus sur le site pour effectuer une nouvelle prise de vue.

# L'ombre d'un doute

Si vous utilisez plusieurs cartes mémoire comme je le conseille dans l'astuce de la page 197, vous serez un jour ou l'autre confronté à un doute terrible. Au moment d'utiliser votre deuxième carte mémoire, la question suivante surgira dans votre esprit : « Que contient cette carte ? Ai-je transféré son contenu sur mon disque dur ? Puis-je l'effacer sans regret ? » Voici une astuce pour éviter ces cruels moments de doute : dès que vous avez transféré vos images sur votre ordinateur, et que vous en avez fait une seconde sauvegarde sur un deuxième disque dur (ou sur CD, DVD, SSD, etc.), formatez immédiatement la carte. Ainsi, lorsque vous insérez la carte dans l'appareil, elle sera vide. Vous ne vous poserez pas la question de savoir ce qu'elle contient.

# Prendre plusieurs photos sous de faibles conditions d'éclairage

SCOTT KELBY

Lorsque vous photographiez sur site sans trépied et sous des conditions d'éclairage difficiles, dès que votre vitesse d'obturation est réglée en dessous de 1/60 de seconde vous risquez d'introduire un flou de bouger dans vos images. Dans pareille situation, vous hésiterez à augmenter la sensibilité ISO pour ne pas ajouter du bruit numérique dans votre cliché. Voici une astuce que vous pouvez tester pour améliorer la netteté de votre photo : prenez plusieurs clichés en mode Rafale ou en mode Continu haute vitesse. Il y a alors de fortes probabilités pour qu'au moins un des clichés pris soit net. J'utilise souvent cette technique et à chaque fois je suis surpris du résultat. Au milieu de clichés très flous, vous avez une image bien nette, un véritable miracle.

# Le mythe des cartes mémoire high-speed

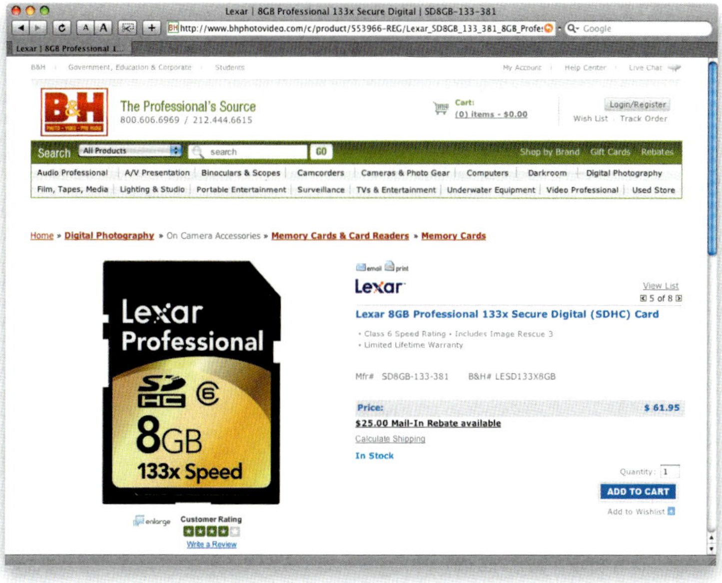


Si vous achetez les dernières cartes mémoire high-speed Compact Flash ou SD, allez-vous vraiment voir une différence avec les anciennes ? Honnêtement, la plupart des gens n'en constateront pas. Ces cartes ont été spécialement conçues pour les photographes qui utilisent des reflex numériques de dernière génération et qui prennent beaucoup de prises de vue en rafale. Dans ce genre de circonstances, le photographe a besoin de libérer au plus vite la mémoire cache de son appareil. Il est donc impératif que les photos s'enregistrent le plus rapidement possible sur la carte mémoire pour ne connaître aucune rupture dans les prises de vue. La bonne nouvelle dans tout cela est que si vous ne pratiquez pas la prise de vue en rafale, ou très peu, inutile d'investir dans ce type de carte, assez coûteux. Regardez les prix généralement pratiqués. Une carte mémoire de 8 Go à vitesse standard coûte environ 10 euros tandis que son équivalent en high-speed en coûte le double. Ensuite, plus vous montez en vitesse, plus le prix est élevé. Par exemple, une carte SD Transcend 150x de 4 Go vaut 35 euros. Avez-vous besoin d'une carte dont la capacité est moitié moindre que celle d'une carte standard, mais dont le prix est trois fois et demie supérieur ? À réfléchir !

# Réflexe avant de fermer sa sacoche

Mon amie Janine Smith m'a donné ce conseil l'an dernier. Je dois avouer qu'il m'a empêché bien des déconvenues. Lorsque vous préparez votre sac, et juste avant de le fermer, prenez votre appareil photo numérique et photographiez n'importe quoi. Vous saurez alors si une carte mémoire est insérée dans l'appareil, si votre batterie est suffisamment chargée, et si l'appareil est en ordre de marche. Il vaut mieux prévenir que guérir car, une fois sur site, vous ne pourrez plus régler ces problèmes éventuels.

# Pourquoi doit-on télécharger le manuel de son appareil ?

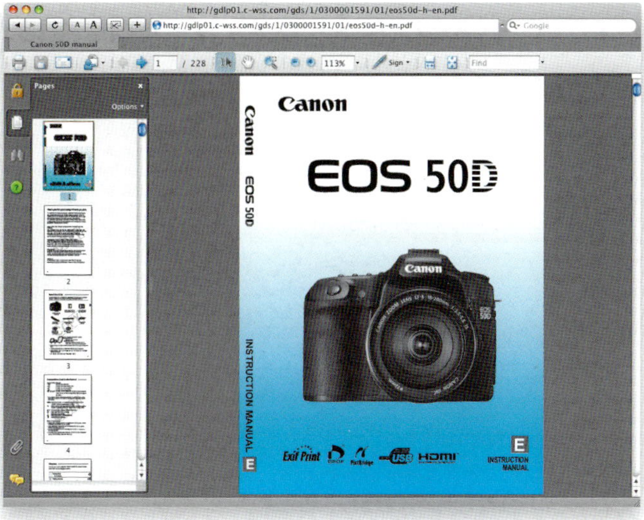


Les manuels d'utilisation des appareils photo numériques ne sont pas très pratiques. Il est difficile d'y trouver rapidement ce que l'on y recherche. Pour cette raison, j'en télécharge systématiquement la version électronique au format PDF. Elle est généralement disponible sur le site du constructeur. Avec un fichier PDF, vous trouverez ce que vous cherchez en quelques secondes. Le manuel imprimé ne vous sera alors utile que si vous photographiez sur site sans ordinateur portable à disposition. Personnellement, j'en profite pour télécharger les manuels de mes autres matériels comme les flashs, les déclencheurs sans fil, etc. Ces fichiers sont de petite taille, et très pratiques. Il n'y a aucune raison de s'en passer.

## Où trouver ces manuels ?

*Si vous êtes un utilisateur français d'un Nikon, vous devez préalablement enregistrer votre produit auprès de Nikon. Ensuite, vous pourrez accéder au téléchargement des manuels à la page suivante :* ***https://nikoneurope-fr.custhelp.com/app/utils/****. Pour les utilisateurs d'un Canon, vous devez aller sur le site américain du constructeur à l'adresse* ***www.usa.canon.com****. Là, cliquez sur le lien Download, puis sur Consumer.* A priori, *il n'y a pas de version PDF française des manuels Canon.*

# L'astuce Photoshop pour localiser des poussières

SCOTT KELBY

Pour savoir si votre capteur est encrassé, effectuez le test suivant. Visez une surface grise unie comme un mur, un ciel nuageux, etc. Prenez une photo. Importez cette image dans votre ordinateur, et ouvrez-la dans Photoshop. Là, exécutez la commande Négatif en appuyant sur Cmd+I (Ctrl+I). Dès lors, les taches, les rayures, les poussières sont parfaitement visibles. Vous savez s'il est nécessaire de nettoyer le capteur. Si vous ne vous sentez pas capable d'y procéder, apportez votre appareil chez un spécialiste. Il procédera à un excellent nettoyage sans danger pour les organes électroniques de votre matériel. Effectuez ce contrôle et ce nettoyage avant de partir pour un long voyage.

# Photographier par mauvais temps

Bien souvent, les plus belles photos sont prises lorsque la météo est épouvantable. Pour photographier par mauvais temps, vous devez prendre un certain nombre de précautions. Votre matériel est sacré, il faut le protéger. Des appareils comme le Nikon D300, D700 et D3 disposent d'un boîtier très hermétique qui vous protège contre l'humidité. Toutefois, je vous recommande d'acheter une housse antipluie, sorte d'imperméable pour appareil photo qui protège le boîtier contre l'humidité et la pénétration éventuelle de buée. L'appareil reste sec. J'utilise une KT E-702, housse antipluie fabriquée par Kata (**www.kata-bags.com**). Elle est dotée de manches spéciales qui permettent d'accéder sans problème à tous les réglages de l'appareil et de l'objectif zoom. Si vous ne possédez pas ce type de housse et que vous soyez surpris par la pluie, vous pouvez tenter de protéger votre matériel avec le bonnet de douche de votre chambre d'hôtel. Il permettra de protéger au moins l'arrière du boîtier.

## Que faire lorsque l'on ne dispose pas d'une protection étanche ?

*Si vous êtes surpris par la pluie et que vous ne disposiez d'aucun accessoire de protection, voici ce que vous devez faire une fois de retour dans un lieu sec : essayez d'éponger l'extérieur de votre matériel avec un tissu propre. Vous pouvez utiliser un sèche-cheveux si vous ne trouvez pas de tissu approprié. N'essuyez pas, mais tapotez, c'est-à-dire épongez. En essuyant vous risquez de faire glisser de l'eau dans des parties sensibles de votre appareil et ainsi de nuire à son fonctionnement. Enfin, laissez à votre appareil le temps de sécher complètement dans un lieu sec, et de préférence à température ambiante.*

Obturation : 1/8 s    Ouverture : f/11    ISO : 100    Focale : 70 mm | Photo : Scott Kelby

# 10

# Les recettes pour prendre de meilleures photos

## Les ingrédients pour faire prendre la sauce

Un jour, à la simple vision d'une photo, ne vous êtes-vous jamais demandé : « Comment fait-on pour obtenir une photo comme celle-ci ? » Peut-être était-ce une photo prise en studio, ou en extérieur, et vous vous êtes alors demandé où était placée la source de lumière, si source de lumière supplémentaire il y avait. Un flash a-t-il été utilisé ? Oui, mais quel type de boîte à lumière a-t-il été utilisé ? Le photographe a-t-il mis en œuvre plusieurs éclairages ? Si vous n'avez jamais été confronté à ce genre de questionnement, vous allez avoir du mal à avaler ce chapitre qui, comme ses deux frères des Volumes 1 et 2, traite de cette sorte de soucis. Il va donc falloir que vous trouviez un intérêt à ce chapitre… Attendez, j'ai une idée ! Vous allez participer à une « chasse au trésor photographique ». Je vais vous donner des objets à découvrir, vous les chercherez dans les images qui illustrent ce chapitre… (en ne lisant pas les instructions détaillées qui permettent de reproduire ces images vous-même), et alors vous les trouverez. Une fois que vous aurez découvert tous les éléments, vous irez sur le site www.ahtutesmoquédemoi.com, où vous trouverez un lien brisé. Là, vous pourrez inscrire les numéros des pages où vous aurez découvert les objets. Un mois plus tard, je n'oublierai pas de me rendre sur ce site pour désigner LE gagnant. Cet heureux élu (vous, probablement) gagnera un exemplaire d'un de mes livres (probablement celui-ci), qui lui sera probablement adressé l'année prochaine, c'est-à-dire à une date où il y aura belle lurette que vous aurez déménagé. Le paquet sera refusé par l'actuel occupant (par exemple votre conjoint), et l'on me renverra le livre que j'adresserai à la personne suivante de la liste. Autre alternative : se contenter de lire ce chapitre et de voir ce que vous pensez. Vraiment, à vous de juger !

# Recette pour obtenir ce type de photo

SCOTT KELBY

**Caractéristiques de ce genre de prise de vue :** un plan large, qui est à la fois un paysage et un souvenir de voyage, avec une multitude de détails et une mise au point nette sur l'hôtel. La photo ne laisse planer aucun doute sur le sujet photographié (l'hôtel Burj Al Arab de Dubaï).

(1) Vous devez utiliser un objectif grand-angle pour capturer ce genre d'étendue. La photo a été prise en position 14 mm avec un objectif zoom grand-angle d'une longueur focale de 14-24 mm. L'appareil utilisé est un numérique 24 × 36. Il permet à l'objectif d'avoir un angle plus grand que la normale.

(2) Pour saisir tous les détails du premier au dernier plan, prenez la photo en mode « Priorité à l'ouverture » et fermez votre diaphragme, c'est-à-dire la valeur de diaph la plus élevée possible. Pour cette photo, j'ai fermé à f/22, ce qui permet une netteté totale du premier au dernier plan.

(3) Cette photo a été prise au coucher du soleil. La lumière est donc faible, ce qui implique l'utilisation d'un trépied pour obtenir une image bien nette et une lumière magnifique (les nuages qui cachent le soleil restent très beaux car ils conservent toutes leurs couleurs).

4) Pour éviter tout tremblement de l'appareil photo, vous pouvez soit déclencher la prise de vue à distance, avec un déclencheur souple, soit programmer le retardateur de l'appareil photo. Ainsi, vos doigts ne touchent jamais l'appareil au moment de la prise de vue.

# Recette pour obtenir ce type de photo

SCOTT KELBY

**Caractéristiques de ce genre de prise de vue :** vous êtes en situation de tension extrême, ce qui vous plonge au cœur de l'action, et la rotation des roues donne la sensation du mouvement et de vitesse, sans altérer la netteté du reste de l'image.

(1) Pour être très près du sujet comme sur cette photo, vous avez besoin d'un objectif à longue focale (j'ai utilisé ici un 200 mm, avec un téléconvertisseur qui me rapproche encore plus de l'action).

(2) La clef de la réussite d'un tel cliché est de trouver une vitesse d'obturation qui gèle l'action mais qui conserve la netteté sur la moto et son pilote. Il faut garder les roues floues afin d'introduire une dimension de mouvement et de vitesse. La plupart du temps, vous pouvez photographier les événements sportifs à 1/100 de seconde. Ceci permet de conserver la rotation des roues. Vous ne devez pas sélectionner une vitesse d'obturation inférieure à 1/1000 de seconde. Cette photo a été prise à 1/400 de seconde.

(3) Si vous photographiez à une vitesse d'obturation aussi lente que celle-ci (en effet, 1/400 de seconde est une vitesse lente pour photographier les manifestations sportives), vous devrez faire un panoramique sur la moto (c'est-à-dire la suivre) pour conserver la netteté de l'engin et de son conducteur. Ici, il est impossible de photographier sur trépied. Dans ce cas, essayez de stabiliser l'appareil pendant toute la durée du panoramique (si vous utilisez un long objectif, vous pouvez tenter de l'installer sur un monopied).

(4) En effectuant un tel panoramique, vous devez photographier en mode « Rafale haute vitesse » pour augmenter vos chances d'obtenir au moins un cliché net.

# Recette pour obtenir ce type de photo

SCOTT KELBY

**Caractéristiques de ce genre de prise de vue :** une photo style « magazine de beauté », avec une lumière douce, frontale, qui enveloppe le sujet. Une lumière claire, diffuse, avec très peu d'ombres.

(1) Il y a deux éléments clefs pour réussir une photo comme celle-ci. D'abord, veillez à ce que votre modèle fasse une queue de cheval et qu'il cache ses cheveux de derrière autant que possible tout en veillant à laisser son visage dégagé, ouvert et propre. Le second élément clef est la lumière : votre sujet doit prendre un bain de lumière, ce qui donnera à votre photo un style « magazine de beauté ».

(2) Seulement deux éclairages ont été utilisés pour obtenir ce résultat. Le premier est un bol de beauté qui est placé juste devant le sujet, à 50 centimètres au-dessus du visage. Ce bol vise le modèle sous un angle de 45°. Le second est placé sous le plexiglas. Il vise également le sujet sous un angle de 45°. Positionnez bien l'appareil photo au niveau de ses yeux.

(3) Pour que la totalité de l'image soit nette, vous devrez régler l'ouverture de votre diaphragme sur une position qui préserve les détails (f/11, par exemple) et utiliser un objectif assez long (comme un 200 mm) afin d'obtenir une belle perspective.

(4) Le modèle s'allonge sur une surface en plexiglas dont j'ai parlé au Chapitre 4, consacré à la photographie d'objets et de produits commerciaux. Cette surface est maintenue par deux assistants. L'arrière-plan est constitué d'un papier gris uni.

# Recette pour obtenir ce type de photo

**Caractéristiques de ce genre de prise de vue :** un cadre serré donnant un gros plan inhabituel. La photo présente de vives couleurs et dégage une belle énergie.

(1) La clef de la réussite d'une telle photo est l'utilisation d'un long objectif (ici un 400 mm) pour être au plus près de l'action.

(2) Comme vous photographiez en pleine lumière au beau milieu de la journée, il sera facile de régler la vitesse d'obturation à plus de 1/1000 de seconde. (Cette photo a été prise à 1/4000 de seconde, ce qui fige absolument tout).

(3) Comme la voiture arrive droit sur vous, votre vision n'a rien à voir avec un point de vue de trois quarts ou latéral. Vous devez donc utiliser une vitesse d'obturation rapide. Ici, la rotation des roues importe peu puisque nous ne la voyons pas. Pour cette raison, photographiez en appliquant une vitesse d'obturation très rapide. Vous obtenez ainsi une image vraiment précise.

(4) Pour donner plus de pêche à l'image, vous pouvez incliner l'appareil photo à 45° (un angle très répandu dans le monde de la photographie des voitures de sport).

(5) Vous devrez utiliser un monopied pour stabiliser un objectif 300 mm (ou plus).

# Recette pour obtenir ce type de photo

SCOTT KELBY

**Caractéristiques de ce genre de prise de vue :** une lumière intense qui éclaire le modèle irrégulièrement. Des cheveux noirs et un fond sombre renforcent l'intensité recherchée.

(1) Pour obtenir ce genre d'image, vous n'avez besoin que de deux sources de lumière. L'éclairage principal se compose d'une grande boîte à lumière positionnée à gauche (selon notre point de vue) et légèrement en face du sujet. Elle est placée très près du modèle pour créer une lumière très douce. La solution consiste à placer cette grande boîte à lumière principalement sur le côté de la femme. Ainsi, la lumière n'éclaire pas l'intégralité de son visage – vous avez besoin de ces grandes ombres sur le côté droit de son visage pour renforcer l'intensité de l'image. La puissance de la lumière principale doit être aussi basse que possible car elle est très proche du sujet photographié.

(2) Le second éclairage est une boîte à lumière haute et étroite (une longue et fine boîte à lumière) positionnée derrière le sujet, du côté droit (par rapport à notre point de vue). Elle éclaire les cheveux et le dos (elle est placée à 45° et à environ 2,50 mètres sur sa droite, derrière elle). La lumière ne se répand pas partout car la boîte à lumière haute et étroite est recouverte d'une grille (ce sujet a été traité au Chapitre 2).

(3) La prise de vue a été effectuée devant un arrière-plan noir uni. Vous n'aurez besoin ni d'un réflecteur ni d'un trépied (le flash fixera votre modèle). La photo a été prise avec un diaphragme de f/8 pour obtenir une photo totalement nette.

(4) Pour le petit mouvement de cheveux, contentez-vous d'un petit ventilateur (n'importe quel vieux ventilateur fera l'affaire).

# Recette pour obtenir ce type de photo

SCOTT KELBY

**Caractéristiques de ce genre de prise de vue :** beaucoup de détails dans cette photo, dont une lumière vive et des zones d'ombres donnant un aspect surréaliste au ciel.

(1) Pour obtenir ce genre de photo, vous devez utiliser la fonction bracketing de votre appareil photo (fonction qui permet d'avoir plusieurs expositions d'une même prise de vue). De cette façon, vous pourrez fusionner les photos prises en mode bracketing en une image HDR à l'aide de Photoshop ou de Photomatix Pro.

(2) Cette photo a été prise au milieu de la journée, sous la lumière du soleil (il n'y avait pas autant de nuages, leur présence a été renforcée par l'effet HDR). Par conséquent, il y avait suffisamment de lumière pour fermer à f/11 (ou plus), valeur qui permet d'assurer la netteté sur la totalité de l'image. Réglez votre appareil sur le niveau 3 ou 4 du mode bracketing (la procédure est expliquée à la page 117).

(3) Pour que tous ces éléments soient visibles dans le cadre, vous devez utiliser un objectif grand-angle (ici, j'ai photographié avec un 18-200 mm, en position 18 mm, afin d'obtenir la vue la plus large possible).

(4) Ici, j'ai photographié sans installer l'appareil sur un trépied. Or, en matière de fusion HDR, le trépied est fortement recommandé. Ainsi, avec la fonction d'alignement automatique des calques de Photoshop CS3 ou CS4, vous alignerez parfaitement les photos avant de créer l'image HDR. J'ai tourné une vidéo pour vous montrer comment réaliser une fusion HDR de photos prises en mode bracketing. Vous trouverez le lien à la page 118.

# Recette pour obtenir ce type de photo

SCOTT KELBY

**Caractéristiques de ce genre de prise de vue :** un portrait en extérieur, pris à midi, avec une lumière douce et directionnelle (l'opposé de ce que vous obtenez habituellement à ce moment de la journée).

(1) Commencez par placer le modèle en dehors de la lumière directe du soleil. Si vous observez la photo de paysage de la page 30, le sujet (ci-dessus) est debout devant un arbre, mais il y a beaucoup de lumière qui en traverse les branches. Vous devez déplacer le modèle de quelques centimètres pour qu'aucune tache de lumière ne tombe sur lui – vous désirez qu'il soit complètement dans l'ombre.

(2) Pour éclairer une scène comme celle-ci, utilisez un flash externe (ici, j'ai opté pour un flash Nikon SB-800) installé sur un pied. Je l'ai placé en hauteur, et je l'ai dirigé vers la tête et sur la gauche (de notre point de vue) de la jeune femme. Vous avez besoin d'adoucir la lumière. Ici, j'ai utilisé un Lastolite Ezybox (comme celui de la page 7).

(3) Pour séparer le sujet de l'arrière-plan, vous devez flouter le décor. Pour cela, ouvrez énormément le diaphragme (valeur faible). Pour cette photo, j'ai ouvert à f5/6 (plus la valeur est faible, plus l'arrière-plan est flou).

(4) Réglez votre flash à un niveau d'intensité faible. Ainsi, son éclair va se fondre dans la lumière ambiante. Photographiez sans trépied car le flash va figer votre sujet.

# Recette pour obtenir ce type de photo

SCOTT KELBY

**Caractéristiques de ce genre de prise de vue :** voici une prise de vue effectuée avec une seule source d'éclairage. Il s'agit d'un bol de beauté placé directement au-dessus de la tête du sujet, et dirigé vers le bas (comme un réverbère).

(1) Comme l'éclairage est dirigé vers le bas, une partie de la lumière se répand sur l'arrière-plan constitué d'un papier noir uni. Cela donne l'impression qu'une petite source de lumière se situe derrière le sujet.

(2) Le sujet n'est pas un modèle professionnel. Il ne savait pas quoi faire avec ses mains. Comme cet homme est un accro du Mac, nous lui avons mis un portable entre les mains. C'est une astuce à retenir quand votre sujet n'est pas à l'aise devant l'appareil photo : donnez-lui un objet quelconque, faites-lui faire quelque chose, et contentez-vous ensuite de saisir le moment où il manipule cet objet (c'est ce qui est arrivé ici, quand notre homme a commencé à serrer le portable contre sa poitrine).

(3) Le dernier truc à bien retenir est que la lumière doit être dirigée vers le bas : le visage du modèle est bien éclairé. Cependant, plus la lumière descend moins elle est intense. Cette photo a été obtenue en accrochant un drapeau noir (un panneau de feutre 60 × 90 cm) au bord inférieur du bol de beauté. De cette manière, la lumière se diffuse très peu sur sa poitrine. Elle est principalement concentrée sur son visage. Cette prise de vue a été réalisée avec un objectif 70-200 mm f/2.8 en position 85 mm avec une ouverture à f/6.3.

# Recette pour obtenir ce type de photo

SCOTT KELBY

**Caractéristiques de ce genre de prise de vue :** une lumière douce qui ressemble à la lumière du jour, avec de grands et hauts reflets sur les bouteilles et les verres et une faible profondeur de champ.

(1) Ces prises de vue sont obtenues à partir d'un mélange de lumière naturelle et d'une lumière de studio fluorescente diffuse. La lumière naturelle provient d'une fenêtre située derrière et à la gauche (selon notre point de vue) des bouteilles de vin.

(2) La lampe principale qui éclaire le devant des bouteilles est une Westcott Spiderlite (une lumière continue) utilisant des ampoules fluorescentes de type lumière de jour. L'éclairage est placé dans une boîte à lumière 60 × 90 dans le but d'adoucir la lumière. La lampe est située à gauche et très près de la bouteille de vin (juste à l'extérieur du bord gauche du cadre de l'appareil photo). Pour obtenir ce beau et grand reflet, faites pivoter la boîte à lumière pour la positionner verticalement et non horizontalement. Le reflet est alors plus haut que large.

(3) Les deux sources de lumières (la lumière naturelle de la fenêtre et la lumière continue Spiderlite) se trouvent du côté gauche du cadre. Donc, pour envoyer un peu de lumière dans la zone sombre située du côté droit de la bouteille, utilisez un réflecteur en mousse blanche. Placez-le à la verticale, à la droite des bouteilles, juste en dehors du cadre.

(4) Ici, vous photographiez des produits à des fins publicitaires. Par conséquent, utilisez un trépied (surtout quand vous définissez une lumière assez faible comme ici).

# Recette pour obtenir ce type de photo

SCOTT KELBY

**Caractéristiques de ce genre de prise de vue :** visage sans ombres, frontal, lumineux, qui est très populaire en ce moment dans le domaine de la photographie avec flash. Cependant, avec un ring flash, vous verrez une auréole d'ombres autour de votre sujet. C'est la marque de fabrique de ce style de photo.

1) Il n'y a qu'un seul éclairage – un ring flash AlienBees (voir page 47). Le ring flash est constitué d'un anneau de petits flashs, et votre objectif se place au centre de cet anneau. Vous installez votre appareil juste devant le sujet.

2) Normalement, vous devriez placer votre sujet à 3 mètres du papier blanc uni utilisé comme arrière-plan. Mais, pour obtenir ce halo d'ombres autour du modèle, vous pouvez le positionner à environ 30 à 60 cm de l'arrière-plan. Ainsi, vous obtiendrez ces ombres étroites créées par le ring flash.

3) Comme l'arrière-plan est très près du sujet, il est inutile de se soucier de son éclairage. La lumière du ring flash circulaire est assez forte pour éclairer ce décor et le modèle.

4) Un ring flash produit une lumière plus intense qu'un flash classique placé dans une boîte à lumière. Donc, pour conserver ces ombres qui délimitent légèrement votre sujet, assurez-vous de prendre la photo très près de votre modèle (ceci augmente la taille relative de votre source de lumière, ce qui en adoucit l'impact).

# Recette pour obtenir ce type de photo

SCOTT KELBY

**Caractéristiques de ce genre de prise de vue :** une lumière sombre, intense, qui met en valeur le chrome et les lignes de la moto.

(1) Vous n'avez besoin que d'un seul éclairage pour obtenir une photo comme celle-ci. Toutefois, cette source de lumière doit être assez large (le flash n'a pas besoin d'être grand, mais la boîte à lumière doit l'être – elle doit être presque aussi grande que la moto). Placez la boîte à lumière en direction de la moto, sur un grand pied d'éclairage, et dirigez-la directement vers l'engin.

(2) Si vous ne voyez pas le bas du pied d'éclairage qui porte la lampe, c'est parce que je les ai effacés avec l'outil Tampon de duplication (de Photoshop ou de Photoshop Elements). Dans la photo d'origine, vous pouviez voir une partie de la base du pied d'éclairage et une partie du pied de la lampe elle-même, à droite de la roue avant.

(3) Pour que la moto soit entièrement nette, ouvrez à f/8 ou plus.

(4) C'est une photo à vocation commerciale. Pour être certain de la réussir, installez l'appareil sur un trépied. Vous êtes alors assuré d'obtenir une image nette et précise.

# Recette pour obtenir ce type de photo

SCOTT KELBY

**Caractéristiques de ce genre de prise de vue :** un mélange harmonieux de couleurs du coucher de soleil et d'un flash, accompagné d'un angle de prise de vue qui rend ces enfants bien plus grands qu'ils ne le sont dans la réalité.

(1) La réussite de cette photo dépend de deux choses. La première est la composition de l'image. Pour donner l'illusion que ces enfants sont grands, vous devez photographier en contre-plongée très accentuée avec un objectif grand-angle (j'ai utilisé un zoom ultragrand-angle 14-24 mm avec un appareil photo 24 × 36). Quand je parle de contre-plongée très accentuée, je veux dire que vous devez être allongé sur le sol et diriger votre objectif vers le ciel pour obtenir cette perspective. La seconde chose pour réussir cette photo est d'attendre le coucher du soleil.

(3) Les enfants sont éclairés avec un flash externe (ici un flash SB-900) installé sur un pied d'éclairage portable et léger devant lequel vous placez une petite boîte à lumière Ezybox pour atténuer et contrôler l'intensité de l'éclairage. Pour chaque image, le flash installé sur pied doit se situer à droite des enfants (de notre point de vue), juste en dehors du cadre.

(4) La solution est ici d'utiliser l'appareil en mode Automatique, d'éteindre le flash, de cadrer votre sujet, de maintenir enfoncé le déclencheur à mi-course. Notez alors l'obturation et le diaph déterminés par l'appareil. Ensuite, basculez en mode Manuel. Appliquez la vitesse d'obturation et le f-stop proposés, allumez le flash, et réglez sa puissance sur une intensité assez faible, c'est-à-dire juste ce qu'il faut pour que votre sujet soit éclairé. Par ailleurs, fixez une gélatine orange sur le flash. Ainsi, la lumière qu'il produira sera plus chaude et paraîtra donc beaucoup moins artificielle.

# Recette pour obtenir ce type de photo

SCOTT KELBY

**Caractéristiques de ce genre de prise de vue :** une nature morte, avec beaucoup de détails, des couleurs vives, et des ombres.

(1) C'est une prise de vue en lumière naturelle – un bol de fruit, sur une table, dans l'ombre. Tout ce que vous avez à faire ici, c'est de choisir votre emplacement (ou de faire tourner votre bol), de telle sorte que la lumière vienne d'un seul côté, donnant ainsi à la photo profondeur et relief.

(2) Pour prendre cette photo, placez-vous assez loin, et effectuez un zoom en utilisant une focale de 200 mm. Cela permet d'obtenir un cadre très serré. Cette image a été prise avec mon objectif de voyage préféré, un 18-200 mm.

(3) Quand vous photographiez avec une ombre comme celle-ci, vous n'utilisez pas d'éclairage direct. Vous devrez donc photographier avec l'ouverture la plus grande possible autorisée par votre objectif (ici, la valeur de diaph est f/5.6). Une grande ouverture permet de contrôler la prise de vue et de garder un haut niveau de netteté. Vous obtiendrez alors une faible profondeur de champ (surtout quand vous zoomez aussi serré que cela). Ici, vous constatez que les pommes du premier plan sont floues, que les cerises sont nettes et belles et enfin que les pommes situées derrière les cerises sont elles aussi floues. C'est le résultat obtenu avec un diaph f/5.6. Si j'avais pu ouvrir davantage (avec f/4 ou, dans l'idéal, f/2.8), la profondeur de champ aurait été encore plus limitée.

(4) En photographiant en mode « Priorité à l'ouverture », tout ce que vous avez à faire est de choisir l'ouverture du diaph (le chiffre qui suit la lettre f). L'appareil photo choisira la bonne vitesse d'obturation.

# Recette pour obtenir ce type de photo

SCOTT KELBY

**Caractéristiques de ce genre de prise de vue :** une image douce, un portrait en lumière naturelle où le sujet est nettement dissocié de l'arrière-plan.

(1) La réussite de cette photo repose sur quatre éléments. Premièrement, la photo doit être réalisée en fin de journée (mais avant le coucher du soleil). Le soleil est bas dans le ciel, et grâce à l'angle de prise de vue les ombres apparaissent plus douces. Ajoutons à cela que cette lumière de fin de journée est en général une lumière qui avantage le sujet photographié.

(2) Deuxièmement, placez votre sujet de telle sorte que la lumière vienne d'un seul côté. Sur cette photo, la lumière vient de la gauche (de notre point de vue) et, si vous observez les cheveux de la femme, vous constatez que leur partie gauche est dans la lumière tandis que la droite est dans l'ombre.

(3) Troisièmement, assurez-vous que votre modèle n'est pas sous l'action directe de la lumière du soleil. Il doit se situer à la limite d'une zone ombragée (ici, elle se trouve sous les branches épaisses d'un arbre juste au-dessus d'elle). Comme vous photographiez dans l'ombre, vous devrez sensiblement augmenter la valeur ISO pour disposer d'une vitesse d'obturation correcte (plus de 1/60 de seconde). C'est à cette seule condition que votre image sera nette si vous photographiez appareil au poing (cette photo a été prise avec une sensibilité de 800 ISO).

(4) Pour obtenir une séparation aussi précise entre le sujet et l'arrière-plan, vous devez utiliser un objectif zoom afin de définir un cadre très serré (j'utilise ici une focale de 200 mm). Bien entendu, vous devez ouvrir au maximum (pour cette photo, j'ouvre à f 2.8 et j'obtiens une jolie et légère profondeur de champ).

# Recette pour obtenir ce type de photo

SCOTT KELBY

**Caractéristiques de ce genre de prise de vue :** la lumière vive de l'arrière-plan est ici mélangée avec une lumière d'appoint douce. Une légère profondeur de champ crée une séparation entre votre sujet et l'arrière-plan.

(1) L'effet de « rêve » est dû à la très faible profondeur de champ, que vous obtenez en ouvrant au maximum des possibilités de votre objectif (ici f/2.8) et en zoomant avec un objectif assez long (ici, un 70-200 mm utilisé en position 150 mm).

(2) Pour éviter que la lumière du soleil soit trop dure, vous devez photographier en fin de journée, une heure avant le coucher du soleil.

(3) La mariée est éclairée par l'arrière, avec le soleil dans le dos et à gauche (de notre point de vue), ce qui illumine son voile. Pour que son visage ne soit pas dans l'ombre, installez un réflecteur blanc à la droite du bouquet de la mariée. Il va renvoyer un peu de lumière de soleil sur son visage et donc déboucher les quelques ombres récalcitrantes. Comme les réflecteurs blancs ne sont pas très puissants, le visage n'est pas saturé par la lumière. L'éclairage global semble ainsi assez naturel.

(4) Veillez à ce que les reflets du soleil restent bien présents dans le voile de la mariée. Si vous activez la fonction d'affichage d'écrêtement des hautes lumières et que les incrustations noires (ou autre couleur) clignotent sur le voile, compensez l'exposition d'un tiers de diaph, et faites un essai. Si les avertisseurs sont toujours présents, réduisez encore la correction d'exposition, et faites à nouveau une photo test, et ainsi de suite.

# Recette pour obtenir ce type de photo

SCOTT KELBY

**Caractéristiques de ce genre de prise de vue :** une lumière éclatante, fraîche, et une faible profondeur de champ.

(1) La clef de la réussite de ce genre de prise de vue est le contre-jour. Placez la lumière principale – la plus puissante – derrière la nourriture. Devant les plats, installez un éclairage peu puissant.

(2) Ces photos ont été éclairées avec deux projecteurs Wescott Spiderlite fluorescents de type lumière du jour (il s'agit d'un éclairage continu comme expliqué à la page 88). La plus grande des torches est placée derrière la nourriture, sur la gauche (du point de vue de l'appareil photo). La seconde, plus petite et un peu moins puissante, se situe également sur la gauche. Pour déboucher les ombres qui risquent d'apparaître sur le côté droit de la nourriture, placez-y un grand morceau de mousse blanche (voir page 94).

(3) Si vous ne disposez pas de Spiderlite ou de flash, vous pouvez utiliser la lumière de la fenêtre située derrière les plats. Dirigez-la avec des réflecteurs blancs placés devant et sur les côtés.

(4) Pour obtenir cette très faible profondeur de champ, vous devez opter pour l'ouverture de diaph la plus grande possible (comme f/4 ou même une valeur plus faible si votre objectif le permet).

(5) C'est une photo de produit. Utilisez un trépied pour être certain de la réussir.

# Recette pour obtenir ce type de photo

SCOTT KELBY

**Caractéristiques de ce genre de prise de vue :** une lumière dure, ciselée, des deux côtés du visage de votre sujet, pour obtenir une image sombre, intense et nette.

(1) Pour réaliser ce type d'image très populaire, vous avez besoin de trois sources d'éclairage. Une doit être placée derrière votre sujet et les deux autres, de chaque côté de votre modèle. Chacune de ces sources étant en diagonale par rapport au visage.

(2) Ces deux éclairages doivent produire une lumière dure. Donc, n'utilisez pas de boîte à lumière. Contrôlez l'éclairage avec des réflecteurs en métal standard vers lesquels vous dirigerez le flash. Pour éviter que la lumière ne s'étale trop, installez un spot sur lequel vous fixerez une grille de 20° qui permet de diriger le rayon de lumière exactement où vous le souhaitez.

(3) Pour éviter que la lumière de ces deux sources produise un halo sur la lentille (et qu'elle ne sature votre photo), placez un drapeau noir (habituellement un rectangle de feutre 60 × 90) en face de chaque projecteur. Cela empêchera la lumière d'entrer dans votre appareil photo.

(4) L'éclairage de face se composera d'une grande boîte à lumière. Elle sera placée devant et à gauche de votre modèle (de notre point de vue). Le niveau d'intensité sera assez faible pour ajouter une pointe de lumière vive sur le visage. L'homme est placé devant un arrière-fond noir uni. Ouvrez à f/8 pour maintenir la netteté et saisir les détails, et utilisez un long objectif de 200 mm pour rendre l'ensemble agréable à l'œil.

# Recette pour obtenir ce type de photo

SCOTT KELBY

**Caractéristiques de ce genre de prise de vue :** une photo de mode aux couleurs vives, pures, avec une lumière diffuse, enveloppante, éclairant les côtés du visage de votre sujet.

(1) La lumière semble lécher les deux côtés de son visage. Pourtant, deux éclairages ont été utilisés pour cette ambiance. Le modèle se trouve non pas devant un grand arrière-plan blanc, mais devant une grande boîte à lumière qui se situe à environ 30 cm derrière lui. La boîte est dirigée vers le haut avec un angle de 45° (afin que le flash ne crée pas de halo sur la lentille de l'objectif). Donc, toute cette lumière provient de la grande boîte. Elle éclaire les deux côtés du visage, le dessous du menton et le bord du cou (vous verrez à la page 50 la configuration d'éclairage en studio de cette prise de vue).

(2) Installez la deuxième torche, un bol de beauté, face à votre sujet, à environ 30 cm au-dessus de sa tête, en l'inclinant vers le bas d'un angle de 45°. Ceci éclaire le visage de face (n'utilisez ici qu'un quart de la puissance de cet éclairage).

(3) Pour réduire les ombres sous les yeux, installez un grand réflecteur blanc au niveau de la poitrine de votre modèle. Dirigez-le légèrement vers le haut, c'est-à-dire vers son visage. Installez-le assez haut pour qu'il ne soit pas visible dans le cadre. Ce réflecteur renverra la lumière du bol de beauté sur son visage, pour éliminer les ombres et faire briller ses yeux, donc donner un regard encore plus beau.

# Index

## A



## B



## C



## D

## E



## F

## G



## H



## I - J



## L



## M



## N

## O



## P



## R

## S



## T



## V



## Z

Achevé d'imprimer sur les presses
de l'Imprimerie Darantiere à Dijon-Quetigny
en septembre 2009

Dépôt légal : septembre 2009
N° d'impression : 29-1214

*Imprimé en France*